質の高い幼児期の教育
３，４，５歳児の指導と環境構成・実践例

永井由利子　編著
赤石　元子
井口美惠子
桶田ゆかり
関　美津子
塚本美起子
福井　直美
宮里　暁美

ななみ書房

まえがき

　本書は，幼稚園教育要領を基盤にしながら，発達段階や季節に応じた指導計画に則って保育実践を進めてきた経験から「質の高い保育」を目指すための指導法を示したものである。子どもにとってよりふさわしい環境構成や援助の在り方を工夫している。保育現場の日々の保育実践に役立てるとともに，これから幼稚園教員や保育士として幼児期の教育に携わることを希望している学生に，幼児期の教育の素晴らしさを伝えるために示したものである。

　特に，3，4，5歳児の教育は，私立・公立幼稚園，私立・公立保育園，子ども園など，園ごとに多様であり独自性がある。幼稚園教育要領解説や保育所保育指針解説が示されているにもかかわらず，義務教育ではないこともあり，教科書や具体的な指導書がないために一日の保育の内容に大きな違いがある。

　おけいこ事に偏った園，また，登園から一日中遊びの時間だけで変化に乏しい園，幼児の主体的な遊びの時間と意図的計画的な学級活動などとのバランスを考えている園など多様である。しかし，今や，どの幼児教育機関であっても，幼児期から学童期への滑らかな接続を幼児一人一人の側に立って実現すべき時期に来ている。そのためには，発達に応じた幼児期にふさわしい教育の実現によって，すべての子どもが子どもらしい幸せな時間を過ごすことができるようにすることが求められている。

　私が30数年にわたって勤務し，かかわってきた公立幼稚園では，教育課程や指導計画・週案や日案など計画的な環境構成を常に考えて保育をしてきている。しかし，具体的方法論を示したものが少なく，ベテランの職人技を学びとるというような教育方法の継承が長年続けられてきていることは否めない。新規採用教員は，経験を重ねるまではどのように保育を進めていくのか分かりにくく，具体的なアドバイスを求めている。実際には，園内研究で保育を公開し協議を重ねるなどの方法で実践力を磨いてきている。

　第1章では「質の高い保育」についての考え方，第2章では3，4，5歳の年齢ごとに，発達の節目の期を大きくとらえ，発達の実態を次の4つの視点で表している。

　① 遊びへの取り組み，② 人とのかかわり，③ 学級活動，④ 生活への取り組み

さらにそれぞれの期ごとに，指導上の留意点や援助のポイント・環境構成の工夫などについて，一日の保育の構想を考える上にも次の項目ごとに実践的具体的にまとめた。
　① 遊びの環境構成と援助，② 生活習慣形成に向けての援助，③ 学級活動に向けての援助（3歳児の入園当初のみ，④ 家庭との連携の項目を加えている。また5歳児はプロジェクト型の保育に向けての援助を付け加えている。）第3章では，経験豊富な実践者に質の高い保育の実践例を示していただきながら，質の高い保育についての考えを述べてもらった。
　本書が「保育指導法演習Ⅰ，Ⅱ」および「教育実習指導」などのテキストとして活用され，保育に携わる人々にとって，子どもの楽しさあふれる育ちを実現する「質の高い保育」を考えるきっかけになることを願っている。
　2012年3月

　　　　　　　　　　　　　　　　　　　　　　　　　　　　　　　永井由利子

も く じ

- ■ まえがき

第1章　保育の質とは　（永井）

- ❶ 保育の質とは　／今日的課題からのアプローチ／ ……………………7
  - ① 失われた子ども時代を取り戻すために　8
  - ② 「育ちの3つのサイト」と「4類型の保育構造」との関連　11
  - ③ 保育の構造と指導方法　12
- ❷ 保育者としての専門性を磨く研修 ……………………………………18
  - ① 保育者に求められること　18
  - ② 日常の保育の質を高める
    　／オン・ザ・ジョブ・トレーニング／　20
  - ③ まとめ　23

第2章　3, 4, 5歳児の発達と援助の在り方　（永井）

- ❶ 3歳児の発達と援助の在り方 ……………………………………………25
  - ① 保育者に親しみをもち安定していく時期（4月～5月）　25
  - ② 新しい環境に慣れてきた時期（6月～7月）　29
  - ③ 遊びが活発になる時期（9月～12月）　36
  - ④ 安定した気持ちで過ごせる時期（1月～3月）　40
- ❷ 4歳児の発達と援助の在り方 ……………………………………………45
  - ① 新しい環境の中で安定し保育者や友達とのかかわりを
    楽しみながら自分を出す時期　45
    - ■ 進級したての時期（4月～5月）　45
    - ■ 新しい環境に慣れた時期（6月～7月）　49
  - ② 遊びの中で自分の気持ちを出しながら友達の言葉や
    動きに気付いていく時期　53
    - ■ 遊びが活発になる時期（9月～12月）　53
  - ③ 友達とのかかわりの中で自分を出したり相手を
    受け止めたりしていく時期　58
    - ■ 遊びが充実しクラスのつながりを
      感じるようになる時期（1月～3月）　58
- ❸ 5歳児の発達と援助の在り方 ……………………………………………63
  - ① 年長としての意識をもち友達と互いに思いを伝え合いながら

　　　　　　　遊びを進めていく時期（4月〜7月）　63
　　　② 一人一人が力を発揮し共通の目的に向かって協力し
　　　　　　　充実感や満足感を味わう時期（9月〜12月）　70
　　　③ 園生活に見通しをもち、友達の良さを認め合いながら
　　　　　　　遊びや生活を充実させていく時期（1月〜3月）　75

第3章　質の高い保育の実践事例

1 体験のつながりを大切に（赤石）……………………………………81
　　① はじめに　81
　　② 子どもの体験を読みとってかかわる　82
　　③ 表現を通して体験がつながる　83
　　④ おわりに　87

2 幼児の歌や合奏の指導　／みんなで合わせる楽しさを／（井口）……88
　　① 幼児にとって音楽とは　88
　　② 音遊び　88
　　③ 歌遊び・手遊び・歌　91
　　④ リズム遊び　／ボディパーカッション／　93
　　⑤ 楽器遊び　93
　　⑥ 合奏　95
　　⑦ おわりに　97

3 協同性の育ち　／小学校につながる幼児教育の充実／（桶田）………98
　　① 遊びの中で　98
　　② 課題活動を通して　100
　　③ 園行事を通して　101
　　④ おわりに　104

4 食にかかわる体験（関）……………………………………………106
　　① 食にかかわる体験を通して見られる幼児の育ち　106
　　② 食にかかわる体験を充実させるための教師の役割　109

5 特別な支援を要する幼児とともに（塚本）………………………111
　　① はじめに　111
　　② 絵カードを使って　111
　　③ 一日の流れや物の置き場の表示　112
　　④ 合奏の分担を絵で表示　114
　　⑤ おわりに　115

6 地域の中の幼稚園って素敵！
　　　　／保育者・幼児・保護者の育ちを願って／（福井）……………116
　　① はじめに　116

② 地域応援団とは　　116
　　　③ 実践事例　　117
　　　④ おわりに　　121
7 子どもを中心に置くこと（宮里）……………………………………122
　　　① はじめに　　122
　　　② 記憶の中の「質の高くない保育」の例　　122
　　　③ 子どもと過ごす日々の中で見つけた「質の高い遊び」の例　　123
　　　④ 子どもの自己実現に応答すること　　126
　　　⑤ おわりに　　127

第1章
保育の質とは

1　保育の質とは　／今日的課題からのアプローチ／

　近年，諸外国において保育の質をどのようにとらえ，それをどのように評価していくかということが話題となっている。
　国際的には保育の質を，

- 保育の構造に関する質（制度等）
- 保育のプロセスにおける質（教育内容等）
- 保育の成果に関する質

という視点でとらえている。

　2010年2月に英国において，20世紀末から始めた幼児教育の効果に関する縦断的調査の結果（Effective Provision of Pre-School Education ＝ EPPE）が「Early Childhood Matters」に発表された。そこには「幼児期に質の高い保育を受けた子どもは義務教育修了時においても学力が高い」ということが示され幼児期の教育の重要性が注目された。[1]
　また，北欧やニュージーランドにおいても自由な幼児の主体的な遊びを多

[1]「遊育」2010.8.23 p.16より

く取り入れている保育が注目されてきている。

　日本においてもお茶の水女子大学・内田伸子氏の研究によれば「子ども中心の保育」ほうが幼児の語彙数が多いという結果が出された。②

　さらに，2008年から2009年にかけて鹿屋体育大学・森司朗氏らが行った幼児の運動能力調査の結果，園舎や園庭等の園環境が広いほど運動能力が高く，保育活動で「運動指導を行っていない」園のほうが「行っている」園より運動能力が有意に高いという結果が出された。「子どもの興味・関心に基づいた自発的な遊び」が子どもの運動発達にとって効果的であると指摘している。③　内田氏，森氏の研究成果は幼稚園教育要領で謳われている「幼児の主体的な遊び」の重要性を再確認するものである。

　本書においては，保育の質について，保育を実践する立場から保育現場で実際に行われる教育内容と指導方法に注目していきたい。

② 2011.12.3 乳幼児教育学会基調講演資料より

③「遊育」2011.9.26より

1　失われた子ども時代を取り戻すために

　今日の子どもを取り巻く環境は，豊かで伸びやかに子ども時代を送ることができるとは言い難い状況である。かつて，昭和の時代の子どもは，地域や家庭での遊び場があり，路地裏遊びの中で異年齢の子ども同士のつながりも遊びの伝承もあった。今，この失われた子ども時代を豊かにしていくことのできる貴重な体験の場が，幼稚園や保育所や子ども園など幼児教育・保育の場になっているのではないだろうか。そこで，保育者は日々行われている保育の質を問い直し，幼児期にふさわしい質の高い保育を実践することが求められていると考える。

　白梅学園大学・汐見稔幸氏は，奇しくも子どもの育つ旧社会システムの機能低下について人類史的視点から述べている。そして，育ちの3つのサイトとそこで育ったものを，

- ●地域での遊び・放牧による育ち・子どもの社会集団
  - しなやかな身体・体力・技を刻んだ身体……
  - 臨機応変な処理能力・工夫力・企画力……
  - 挑戦心，忍耐力，社会性，理想力，自己超越性，宗教性，自己選択と自尊感

- ●家の家事と仕事の手伝い
  - 家庭文化の継承，身体に技を刻む
  - 忍耐力，役立ち感，家族への帰属意識
  - こまめな性格，生活技能，生活知性……

- ●家庭の団欒
  - 基本的なしつけが楽に
  - 生活に裏付けられた親への信頼感
  - 親孝行の感覚……

と示した。④

これは、一日の園生活の組み立てを，
- 「主体的な遊び」の保育場面
- 「生活習慣形成に向けて」の保育場面
- 「学級全体の活動（課題への取組・集団のつながり）」
- 「プロジェクト型」の保育場面

④ 2011.9.7 全国保育士養成協議会基調講演より

の4つの視点から保育の構造をとらえる筆者の考え方と共通点を見出した思いである。

❶ 「主体的な遊び」の保育場面

　幼稚園教育要領の第1章総則には「学校教育法第22条に規定する目的を達成するため，幼児期の特性を踏まえ，環境を通して行うものであることを基本とする。」と記されている。また，重視する事項として2番目に「幼児の自発的な活動としての遊びは，心身の調和のとれた発達の基礎を培う重要な学習である」と記されており，遊びを通してねらいを総合的に達成していくことで幼児期の発達にふさわしい体験が得られるようにすることが重要であることが分かる。すなわち，子どもが興味・関心をもって主体的に環境にかかわる好きな遊びの中において，多くの豊かな体験が生まれる。そこには，保育者の意図的計画的な環境構成や援助があり，発達に必要な経験となるような願いをもった環境構成が必要になる。

　この保育の展開は，経験年数の少ない保育者には見通しが立ちにくい部分があり，幼児理解の力量が問われ，アイデアや柔軟性，発想の豊かさなどが求められる。そのためか，幼稚園教育要領に則った「主体的な遊びを展開している」時間ではなく，全員が揃うまでの30分から45分程度の「好きに遊ぶ時間」になっている園が多い。幼児が夢中になって遊び，好きなものになりきったり，好奇心を働かせ，試行錯誤したりしながら遊びこむためには，少なくとも1時間から1時間半以上の時間が必要であり，細切れな自由時間では深まりのある主体的な遊びの展開が難しい。

❷ 「生活習慣形成に向けて」の保育場面

　園の生活を見てみると，登園時の身支度，所持品の始末，手洗い・うがい，遊びの後の片付け，排せつ，食事，そして当番活動や帰りの前の身支度や自分の持ち物整理など，自分で行い身に付けていかなければならない基本的生活習慣が多くある。繰り返しの指導の中で身に付くと思われるが，「なぜそれが必要なのか」が分かって初めて身に付いていく。遊びの指導だけではなく，一日の生活の中には生活習慣形成にかかわる保育場面があることをしっ

かりと意識し，子ども自身ができるようになることを目指して環境や援助の工夫をする必要がある。生活習慣の身に付いているクラスは，遊びの展開後の片付けにおいても分類整理をスムーズに行うことができ，「明日もこの続きしようね」などと主体的な片付けができる。一方で，生活習慣をうまく形成する指導ができていないと遊びの後の片付けもあまり積極的に行われず，挙句の果てには担任が一人で片付けることになってしまい，子どもたちは走り回ってしまうというクラスになる場合もある。

❸　学級全体の活動（課題活動・学級のつながり）

　園生活の中では，一斉に指導する場面やみんなで同じ絵本や紙芝居を見て共通経験する時間帯がある。一日を時間割で区切り，一斉指導だけで保育が組み立てられている園もあり，英語，体操，プール，サッカー，お絵かき等，講師を外注で依頼し，細切れな時間割が組まれている園も多く，幼稚園教育要領の基本からかけ離れていないか危惧するところである。

　本来の学級全体の活動においては，例えば学級のみんなで鬼ごっこなどをすることでルールの理解が共通になり，好きな遊びの中で自分たちの遊びのレパートリーが増え，遊びが豊かになっていく。また，学級の子どもが同じ歌を一緒に歌ったりお話を聞いたりすることにより共通体験を通して連帯感をもつことができる。生活の流れの中で，主体的に遊びを作り出していく時間と一斉活動の時間のバランスがとれている保育が子どもにとってふさわしい一日を与えることになるのではないだろうか。

❹　プロジェクト型の保育

　年長児が中心になることが多いが，誕生会，遊園地ごっこ，劇の発表会等の園全体の行事に向かう中で，協同性を発揮しながら自分たちで，相談したり話し合ったり協力し合って知恵を出し合い作り出していく活動をプロジェクト型の保育と考える。その中で，友達の良さに気付き，協同する良さを味わい，コミュニケーション力や協同性が育つ。

　「プロジェクト型保育の実践研究－協同的学びを実現するために－」（角尾和子著　北大路書房）の中で『大人にやらされるのではなく，内発的動機づけにより，子ども自身が考え，作り上げていく行事は，日本的なプロジェクト型保育の一つのかたちといってもいいのではないか。』と，著者は日本におけるプロジェクト型の保育について述べている。

　以上の４つの視点で保育の構造をとらえることを「４類型の保育構造」と表現し，汐見氏の「育ちの３つのサイト」と比較し，その関連から一日の保育をどのようにとらえてデザインし構成していくことが質の高い保育になっていくのかを述べていきたい。

2　「育ちの3つのサイト」と「4類型の保育構造」との関連

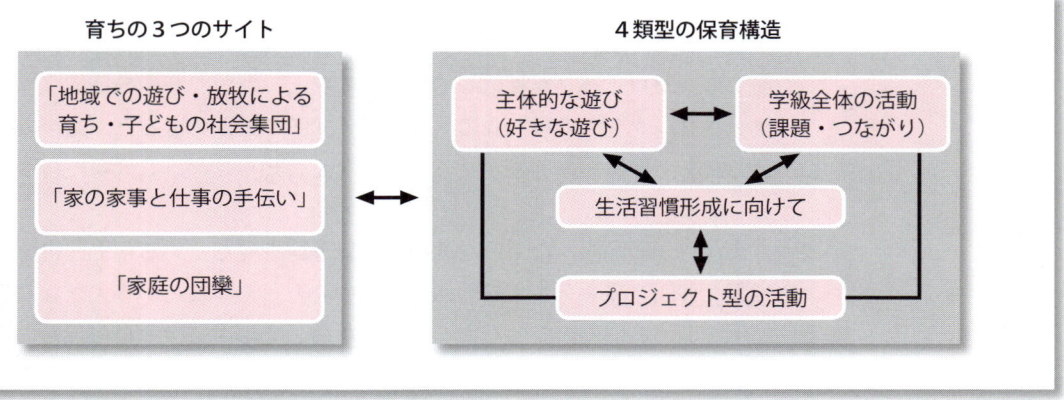

　汐見氏の述べる「育ちの3つのサイト」と「4類型の保育構造」との関連を上図のように示し，以下内容について述べていく。

　かつてあった地域の中で伸び伸びと遊ぶ「放牧」中から育つことは，園における「主体的な遊び（好きな遊び）」とのつながりがある。好きな遊びの中で自己実現の喜びや試行錯誤の楽しさを味わい，挑戦し，仲間意識を芽生えさせ社会性が育つ。遊びに没頭するなかで様々な技能や身体能力が身に付く。

　鹿屋体育大学・森司朗氏らの幼児の運動能力調査研究には，「子どもの興味・関心に基づいた自発的な遊びの方が子どもの発達にとって効果的である」と，指導者が指導する園より好きな遊びの中で運動遊びを楽しむ子どもの方が，運動能力が高いことが指摘されている。

　また，汐見氏の言う「家の家事と仕事の手伝い」「家庭の団欒」は，生活習慣形成における保育と学級全体の活動の中に見出すことができる。

　「生活習慣形成に向けての保育」は，一日の生活を追ってみると意外に多く，意識して見る必要がある。身支度，身辺自立，遊びの後片付け，食事場面，飼育当番，生活当番の中で，こまめな性格や生活知性が身に付き，役立ち感や忍耐力・責任感が身に付いてくる。

　例えば，食事前にタオルを絞ってテーブルを拭く動作，食べこぼしを拾って捨て食後の片付けを丁寧にする姿など，たくさんの食事場面で生活に必要な技能や生活感覚を身に付けていることが分かる。

　特に遊びの片付け場面では，次の日の続きにするためにどのように片付けたらよいか，どこから片付けるか，どこを友達に一緒に手伝ってもらおうか等考えながら，分類し，いるものと捨てるものを分けるなど生活の中の知恵を学んでいく。

そして「学級全体の活動」においては意図的・計画的に子どもの発達に即した経験内容を投げかけることで，どの子にも技能（ワザ）の育ちや身体の育ちが実現していく。例えば，繰り返し楽しみながら学級のみんなで鬼遊びをすることで，駆け足が早くなったり俊敏性が育ったりする。また，制作の場面では，セロテープを輪にして接着するなど，新たな製作の技能（ワザ）に挑戦させ，クラスのみんなの共通体験とすることができると，遊びの中にも自分たちで作る場面で生かせるようになる。知らせなければ身に付かないこともある。

　また，学級のみんなで歌を歌ったり紙芝居を見たりする中で連帯感や帰属意識，仲間意識も芽生える。保育者を中心とした学級という大きな家族が信頼感を深める団欒の時間を作る場ともなる。その中で，今日の保育の振り返りや明日への期待などを話し合ったり，ある時は怪我をした子どものことを話題にしたりしながら安全への意識を伝える時間にもなっていく。

　また，「プロジェクト型の保育」の場面においては，運動会，展覧会，遊園地ごっこ，劇の発表会など，協力して一つの行事を作り上げて，協同するなかで幼児が達成感や自己超越感を感じ，園の文化が継承されていく。

　このように4類型で保育を構想してみると，園での一日や一年の教育の組み立て及び指導計画の作成の中にこの汐見氏の述べている「3つのサイト」が散りばめられていることが確認できる。

　幼稚園，保育園，子ども園における保育では，4類型で保育を構想するという保育構造を意識することにより，失われた子ども時代を取り戻し，子どもにとって豊かな体験ができる質の高い保育を行うことができると考える。

3　保育の構造と指導方法

　平成21年度から実施となった「新幼稚園教育要領」では，引き続き「幼児の主体的な遊びや生活を通して，発達に必要な経験が豊かに得られるようすることが大切である」と述べられている。「発達を促すためには，活動の展開によって柔軟に変化し，幼児の興味や関心に応じて必要な刺激が得られるような応答性のある環境が必要である」と述べられ（幼稚園教育要領解説 p.12～13），また，「2幼稚園の生活」（p.15）の項において，「幼児の生活は本来，明確に区分することは難しいものであるが具体的な生活行動に着目して，強いて分けてみるならば，食事，衣服の着脱や片付けなどのような生活習慣にかかわる部分と，遊びを中心とする部分とに分けられる。」と記されている。

　しかし，実際の幼稚園の生活場面や指導の形態や生活の流れを見てみると，自ら環境にかかわって作り出す主体的な遊びの時間（好きな遊び）と学級全体の幼児が一緒にゲームや運動遊びをしたり，降園時にみんなで歌ったり紙

芝居を見たり話し合ったりする一斉活動の時間とに分けられる。さらに，年長5歳児になるとグループや学級全体で相談しながら協同的な活動も展開される。

特に筆者自身が勤務してきた公立幼稚園においては，以上の4類型の保育が日の生活や年の流れの中でつながり合い関係をもちながら豊かな体験が生まれるように展開されている。幼稚園教育要領では，この方法についての具体的な記述は少ない。そこで，本章では，保育を実践する立場から保育の構造を見直し，一日の保育を質の違う4つの保育形態の視点から指導方法について考えていきたい。

1 保育の構造と指導方法

● 教育実習先の幼稚園の遊びの実態について

平成22年度に行ったA大学3年生の幼稚園実習後のアンケート調査によると，実習園における自由な遊びの時間について調査したところ表のような結果であった。

①	1時間未満	63%
②	1時間から2時間	27%
③	2時間から3時間以上	10%

表1−1
好きな遊びの時間

①の園では朝，バス登園の園児が揃うまでの間，保育室で絵本や折り紙お絵かきブロックなどで遊ぶか，戸外の固定遊具で遊ぶかどちらかに限定している園が多く，自由に遊びを創りだす環境ではないところがほとんどである。朝の集まり後は，製作や体操など一斉活動が続く。または，英語やプールやサッカーなどの外部講師にゆだねる時間になっているところも多い。

②の園のように，遊び時間を比較的多く取っている園では，ままごとや砂場遊びが遊びの選択肢の中に入っていることが多く，好きな遊びが主体的に展開されやすい環境が用意されている傾向がある。

③の園では保育時間のほとんどを遊びの時間としている。このような園は，10％と少なく，一斉活動はほとんど行われず，集まりの時に絵本や紙芝居をしたり歌を歌ったりすることが多い。

幼稚園教育要領では，「学校教育法23条における幼稚園の目標を達成するために必要な様々な体験が豊富に得られるような環境を構成し，その中で幼児期にふさわしい生活を営むようにする」（幼稚園教育要領解説 p.15）と記されているが，そのためには，ただ環境を作って遊ばせるだけでは望ましい発達は期待できない。「環境を通して行う教育は，幼児の主体性と教師の意図がバランスよく絡み合って成り立つものである。」（幼稚園教育要領解説 p.26）ということを意識することが大切である。上記の表が示すように，遊び時間が短いということは主体的に遊ぶ時間が少なく豊かな体験のできる計画的な環境の構成も少ないのであろう。単に遊び時間の長短だけでは，遊びの質について判断することは難しいが，短い時間の中で毎日同じ環境が用意

されているとするならば主体的に展開される遊びは深まらないのではないだろうか。子どもが楽しさと意欲をもって遊びに没頭する時間と保育者の意図的な活動の提示とのバランスの中で，より発達が促される。発達の見通しをもった環境の構成や再構成ともに，保育者も遊びに参加しながら子どもをより理解した援助の在り方が大切ではないだろうか。

2 教育実習のための指導案作成の指導

実際に養成校では学生にどのような指導案の作成方法を指導しているかをみてみると，主に一斉活動の部分指導案や一日指導案の作成の方法について授業を行っている。また，指導法の教科書のほとんどが一斉活動の場面の指導案の作成について述べられ，主体的に幼児が展開する遊びの援助について記述されていない状況である。実際に「主体的な遊び」を取り入れている幼稚園で実習する学生に，事前に「主体的な遊びの指導」についての指導案作成と指導の在り方を個別に指導している状態である。

3 東京都のA幼稚園での主な一日の流れ

図1-1
1日の保育の流れと4類型の保育場面

時間		保育場面	
9：40	●登園	生活場面	
	・身支度 ・持ち物の始末		
	●好きな遊び	主体的な遊び場面（好きな遊び）	●遊園地ごっこ，子ども会などに向かっての活動（グループ・学級・学年全体）
	・ごっこ遊び ・砂場 等		
10：20	●片付け	生活場面	プロジェクト型活動場面（協同的な学び）
	手洗い うがい		
10：40	●学級活動	学級全体の活動場面（一斉活動）	
	・絵本，歌 ・鬼ごっこ 等		
11：40	●昼食	生活場面	・プロジェクト型の活動は，主体的な遊びと学級全体の活動との関連性を持ちつつ展開される。
	・手洗い ・うがい ・お弁当準備		
12：00	・食べる ・片付け		
12：50	●好きな遊び	主体的な遊び場面（好きな遊び）	・生活場面の指導は遊びや学級全体の活動及びプロジェクト型の活動など全般を支えている。
	片付け		
13：40	●降園時の活動	生活場面	
	絵本，歌 等 一日の振り返り	学級全体の活動場面	
	●身支度	生活場面	
14：00	●降園		

生活場面
主体的な遊び場面（好きな遊び）
学級全体の活動場面（一斉活動）
プロジェクト型活動場面（協同的な学び）

4 保育の形態と指導方法のポイント

❶ 主体的な遊びを充実させるための援助のポイント
- <u>子どもの興味・関心</u>をとらえた環境の構成と<u>物の提示</u>
- 共通のイメージがもてるための情報の提供
- 発達に応じた<u>人間関係の成立する場の広さ</u>の調整
- <u>技能</u>に合ったもの作りの提案・材料の準備
- <u>遊びの流れ作り</u>や，<u>目当てがもてるようなヒントの投げかけ</u>
- 遊べない子への援助
- どの遊びにも万遍（まんべん）なく入ったりかかわったりする
- 遊びへの入り方と出方

❷ 生活習慣形成のための援助のポイント
- 幼児の安全性と動線を考慮した保育環境作り
- 発達や時期に応じた順序性のある<u>繰り返しの指導</u>
- 具体的な視覚に訴（うった）える絵カードや紙芝居などの教材作り
- 必然性を伝える援助
- 状況作りの工夫

❸ 学級全体での活動（一斉活動）の援助のポイント
- 導入⇨展開⇨振り返り（評価）の流れ作り
- 活動の始まりの環境構成と同時に<u>終わり方を考える</u>
- 説明は短く，わかりやすく
- 片付けまでを子どもとともに行う
- 活動の展開に向けた幼児の動線を考えた環境作り

❹ プロジェクト型活動の援助のポイント
- グループ・学級・学年共通のイメージがもてるような情報の提供
- 協同する喜びが味わえるような状況作り
- <u>長期の見通しや計画性をもって取り組むための計画表やカレンダー作り</u>
- 主体的な遊び・学級全体の活動との関連を生かす

5 子ども理解の方法

　保育の質を高めるためには，子ども理解が基本的に大切である。子どもの気持ちや思いを感じ，何を楽しんでいるのかを探る。そこで初めてどのようなイメージで遊んでいるのか，どのようなものを提示していくとその遊びは実現するのかなど遊びの援助に向かうことができる。また，遊びの中での多くのけんかやトラブルにおいても，一人一人の子どもの言葉の発達やコミュニケーション力の違いによって援助の在り方も違ってくる。子ども理解は保育の基本であるが，その方法は以下の3つの視点から考えることができる。

- ｉｎｇの子ども理解
    時系列による理解（例えば４月，６月，９月の点と点を結ぶことで子どもの変容（へんよう）を追う）事例研究，個人記録の積み重ねによる理解の仕方。
- 多面的な子ども理解
    多くの人の目で保育観察をし，多様な理解のしかたを協議し合い視点を広げる理解の仕方。
- 循環的理解
    - 園での様子を保護者に伝え家庭での変容を保護者から伝えてもらう。
        担任　⇔　保護者　の循環
    - 研究保育の後にビデオによる振り返りや保育後の子どもの変容を記録し，<u>次の日の保育に生かす循環</u>。
        予想される子どもの姿　⇔　保育後の子どもの姿
    - 保育の援助時に行われる循環（<u>瞬時の判断</u>）。
        保育者　⇔　子ども

6　保育者の役割

　保育者の役割として，幼稚園教育要領解説の中に以下の６つの側面から述べられている。これは保育のあらゆる場面において，今自分はどの役割を果（は）たしているのだろうかと振り返ることに生かすこともできるのではないだろうか。

- 協同作業者としての役割
- 理解者としての役割
- 共感者としての役割
- 情報提供者としての役割
- モデルとしての役割
- 人間関係の調整者としての役割

『幼稚園教育要領解説』
p.214～216参照

7 指導計画作成と保育指導の循環性

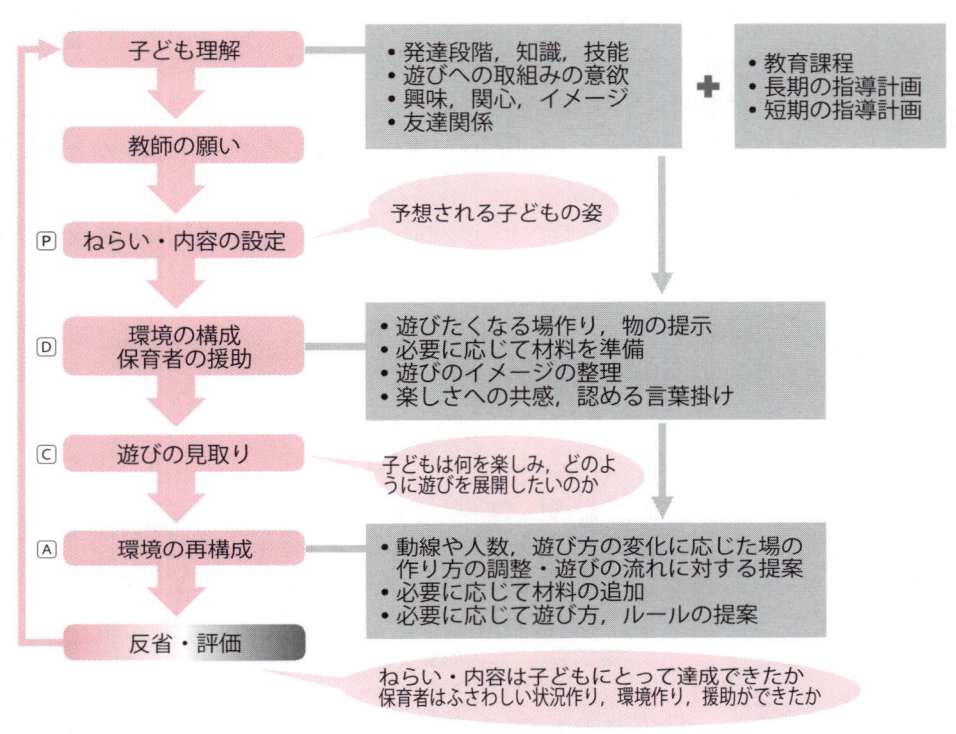

P⇒D⇒C⇒Aサイクルを週案作成に生かす。

8 主体的な遊びの充実のために

「自分たちで考えて遊びを進める」土台となるものとして、「学級全体の活動」と「主体的な遊び」の相互関係を考える必要がある。

一日の保育の流れの中で、双方(そうほう)をバランスよく取り入れることで遊びが充実する。学級のみんなで一緒にゲームをしたり絵本を見たりすることが、自分たちの遊びを展開するときのベースとなっていく。技能的なことの違いがあまりにも大きすぎると遊びのなかで自己発揮しにくい子が出てきてしまう。ある程度の手先の器用さや体の俊敏性(しゅんびんせい)など、経験をしておけば子ども同士が遊び方を共有でき、自信を持って自分たちの遊びを豊かに楽しむことができる。例えば、主体的な遊びの中に出てきた海賊(かいぞく)ごっこに関連する絵本を読み聞かせることで学級のみんなが海賊のイメージを共有(きょうゆう)し、遊びがより楽しめるようになっていく。以下の図のように、主体的な遊びからとらえられ

た実態を学級全体の活動に生かすことや，学級全体で行ったことが主体的な遊びに発展することなど，双方向の関連性を意識することで，遊びが充実していくことが確認できる。

　一斉活動の多い園では主体的な遊びが展開できない場合が多く，好きな遊びだけを一日中行っている園では子どもの経験のばらつきがあり，子ども同士の刺激や協同する機会も少ない。双方のバランスの配分が大切である。また，遊びが充実するためには，基本的な「生活習慣の形成」がともに重要になる。学級としてのマナーや決まりだけではなく一人一人の子どもが自立して，生活できる基本が身に付いていくような指導は片付けの場面などに多くみられる。

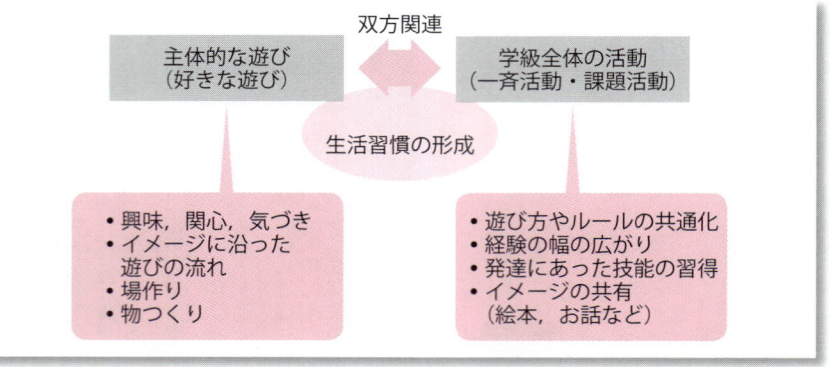

2　保育者としての専門性を磨く研修

　今，幼児教育は生涯教育の出発点として，その充実が求められている。特に，保護者の就労にかかわらず，等しく，幼児の視点に立った，発達にふさわしい，質の高い幼児教育を行う必要がある。そのためには，子どもの前に立つ保育者として常に専門性を磨くことが求められている。

1　保育者に求められること

❶　「子どもが好き」の次は？

　出会う先生方に「あなたはどうして幼稚園（保育園）の先生になったのですか？」と質問すると，「子どもが好きだから」「幼稚園（保育園）のときの先生に小さいころからあこがれていたから」などの答えが返ってくる。新規採用の先生は一生懸命で，保育者としての基本的な資質をもっている。また，子どもとのかかわりにも心和む楽しさがある。しかし，当然のことながら保育者には「その次」が求められる。

　いま，幼稚園・保育園・子ども園の機能として，乳幼児を教育することと共に，「親も子もともに育つ」ことが求められている。子育て支援にかかわ

る側面は，欠かすことができない日々の大切な保育者の役割でもある。
　当然，指導計画・保育計画を作成し，幼児期の発達にふさわしい教育・保育の実践力に加えて保護者へのカウンセリングマインドも必要となる。

❷　幼稚園教員の資質向上について（「自ら学ぶ幼稚園教員のために」より）

　平成14年6月24日に出されたこの報告[5]　の中に「幼稚園教員に求められる専門性」として

> ①　具体的には，幼児を内面から理解し，総合的に指導する力
> ②　具体的に保育を構想する力
> ③　得意分野の育成
> ④　教員集団の一員としての協同性
> ⑤　特別な教育的な配慮を要する幼児に対応する力
> ⑥　小学校や保育所との連携を推進する力
> ⑦　保護者及び地域社会との関係を構築する力
> ⑧　園長など管理職が発揮するリーダーシップ
> ⑨　人権に対する理解など

[5]幼稚園教員の資質向上に関する調査研究協力者会議報告「幼稚園教員の資質向上について―自ら学ぶ幼稚園教員のために―」

と記されている。

　これらは各教員が自己課題をとらえるためのヒントになる。採用後4年目くらいまでの教員の課題には，まず，幼児の内面をとらえる幼児理解や，具体的に保育を構想する実践力や得意分野をつくることに加え，保護者へのかかわり方などがあげられる。また，中堅以上のベテラン教員では，保育の実践力やチーム保育を推進する力，特別支援教育及び保護者・地域・保育園・他校種との連携などと課題が広がっていく。
　教員の研修は保育と似ている。その研修の流れは，教員の実態や課題をとらえるとともに，研修内容や方法を考え，そして実践・実行し，評価することである。自らが自己評価し，自己の成長も学級の子どもたちの変容も感じ取れる場合，研修の成果が上がり，結果として専門性も高まっているととらえられる。この循環は保育のⓅ⇒Ⓓ⇒Ⓒ⇒Ⓐと同じ循環である。

❸　幼稚園教員の抱える課題とは

　優秀な新規採用教員ではあるが，彼らの持つ課題は多く，自らの持つ資質をどう向上させていくかは，受け入れた幼稚園の保育者集団にかかっているといっても過言ではない。現在多くの教員保育士養成機関では，幼稚園教員免許と保育士資格との両方を取れるようにしている。そのために単位取得の

ための授業は忙しく，実習の機会は多いもののじっくりと実習に取り組むことが難しい。見学，手遊び，紙芝居，保育の手伝い程度で終わることも多く，指導案を作成し，保育をシミュレートする力が育っていない場合が多い。また，これまでの子どもとのかかわりや，自己の遊び体験，自然体験などの不足も感じられる。このような実態の中ですぐに担任をまかされることとなる。

また，ベテランといわれる中堅以上の保育者の中には，2年保育，3年保育の繰り返しの中で，ある程度子ども理解の力は増してくるものの，同じ教材を無難に繰り返し使い，マンネリ化に陥っているものも見られる。

本来，子どもは伸びたがっている。育ちたがっている。その芽を摘むことなく，小学校への連続性を視野に入れつつ，マンネリ化することなく集団としての協同性や主体的に遊びや生活を作り出す力を育てていくことが保育者としての責務であり課題でもある。

2　日常の保育の質を高める　／オン・ザ・ジョブ・トレーニング／

保育力を磨く場は，実践である。自分の保育をよりよくすることが大切である。そして，自己点検・自己評価し，仲間と共にレベルアップした実感を味わうようにすることである。そして，共通の願いをもち，日々どの幼児も保護者も満足して一日を終わることができ，「また明日も来たい」と思える園を目指すことである。

❶　「子ども理解」に始まり「子ども理解」に終わっていないか

幼児期の保育の特性は，綿密な指導計画のもとに，学級や個々の子どもの実態に応じて育てたい内容や方法を工夫し，創造的で柔軟であることではないだろうか。そのためには，子ども理解の目を養うことは保育者としての基本である。しかし，子ども理解で終わってしまっては保育の質は高まらない。特に，子ども理解の目を養うには自分の園での実践記録の集積や指導研究の協議会など園内研修が最も有効である。

園内研修の一つに「指導研」と称して，担当学級の担任が指導案を作成し保育を公開する，他の担任はその学級の保育の記録を取り，保育終了後協議会を行うという研修の仕方がある。協議会では，環境の構成や子どもの友達関係，気になる子の行動記録から読み取れる実態，保育者の言葉掛けや援助の在り方，動線や環境構成などについて振り返り，よりよい保育を目指して意見交換する。指導力向上の良いチャンスである。こういった指導研を行うためには保育時間の工夫や保護者の協力を得るための説明の工夫も欠かせない。「保育者の専門性を磨き，資質が向上することは子どもたちのよりよい育ちにつながること」について，保護者の理解を得ながら，どの保育者も1年に1回は行うことが望ましい。

❷　基本を知って技を磨く

　幼児期の教育は環境を通して行うことを基本としている。しかし，環境構成への綿密な構想や準備が不足したまま日々子どもを迎えている場合も少なくない。特に，描画や製作，体を動かす遊びにおける子どもの動線や指導の手順，使う用具の吟味（ぎんみ）など，学級全体で行う時の環境構成の検討などは，ほとんど担任個人に任されている。ベテラン保育者の中には見事に環境を構成し，その中で子どもが安心して繰り返し楽しみ，充実感を覚え，育ちを感じられる指導をする人がいる。そこには保育のツボがあり，保育の基本がある。

　新規採用の保育者はその点が弱い。基本をまねてやってみて，次に自分の工夫を重ね，指導法の技を磨く。これは保育者研修の不易（ふえき）の部分である。

事例1−①　　3年目の教員のチャレンジ

　3年目の教員が初めて3歳児の担任となった。3歳児は楽しいことには飛びつくが分かりにくい指示や準備されていない環境ではたちまち混乱をきたす。そのため，教頭や非常勤職員等がともに保育に入りながら，どこを改善したらもっと子どもが落ち着いて楽しく生活ができるだろうかと一緒に考えた。

●環境の改善として提案したこと
　❶集まるところにビニールテープで床に印をつけ個人のマークを貼る
　❷おやつを食べた後の片づけのためにくず入れを各テーブルの上に準備しておく
　❸身支度の手順を紙芝居のように描いたものを掲示する
　❹動線を考えて，各自のコップ置き場のかごを水道近くに置く
　❺ロッカーの位置をかぎ型から一列に変え，混みあわないようにするとともに，帽子やカバンの収納位置を変え，取り出しやすくする

　以上のような一見当たり前のようなことを，いくつも具体的に提案した。ベテラン教員であったら当然行っていることでも，一つ一つ分からないために混乱することを避けなければならないからである。

　担任は，「はい。そうするといいんですね，やってみます。」と，一つずつ取り組んだ。改善に取り組む中で，担任が吟味した環境を準備することで，子どもが無駄な混乱をしないこと，動線を考えて物の配置をすると子どもがスムーズに動けることなど，担任は実感を得ることができた。そこでさらに，片づけの時の声かけはどこから行うと皆で手順よく片づけられるかを見極めること，教材の提示はあらかじめ担任が取り組んでから子どもに投げかけること，準備があったら終わりがあり，活動の終わり方が大切であることなど，適宜保育の基本にかかわるアドバ

イスをしていった。
　基本を知った担任は次のようなことを自主的に行うようになった。

●担任が独自に改善したこと

❶ お弁当開始時期，プール開始時期に，それぞれの手順を紙芝居のような絵カードで知らせ，その後保育室に掲示しておき定着するような環境作りをした。

❷ 動線を考え個々の幼児のクレヨン入れ用のウオールポケットを作成し，子どもの目の高さの壁に取り付け，子どもが取り出しやすくした。

❸ ローラー遊びの前日，絵の具の濃さや紙の大きさ，テーブルの準備の仕方などテラスで実際に試していた。

　このように，3年目という若手の教員にとって，自ら改善に向けて実践し，実感として分かっていくプロセスが大切である。改善することによって子どもたちが落ち着いて活動し，担任もゆとりをもってかかわり，豊かな体験が生まれていく。このような実践の積み重ねによって保育の質が高まっていく。

 　　事例1－②　　中堅教員のチャレンジ

　5歳児の担任が5月の誕生会の出し物について園長に相談にきた。「ゲームにしようか大型紙芝居にしようか迷っているのですが……」ゲームは担任がリードして当日，みんなで楽しい時間を過ごすというものであり，大型紙芝居は子どもたちと一緒にグループ活動として取り組むものであった。そこで，すかさず「大型紙芝居をやってみたら？」とアドバイスした。

　早速，担任は「そらいろのたね」の絵本を題材にし，学級全体で，誕生会の出し物として取り組んだ。全紙大の紙に幼児が描いた絵で一画面を構成した。誕生会当日は，グループで場面にあった言葉を言うことができ，大きな拍手をもらい取り組んだ子どもたちは大きな自信と達成感を味わった。その後も3歳児や保護者に見せる機会を設け，そのたびに演じ方が上手になり，担任も子どもとともにさらなる達成感を味わった。

この活動を通して子どもたちは，言葉による表現力，絵画による表現力，グループで協同してやり遂げるプロセスなどを学んだ。担任も簡単なゲームを選ばず，教材研究を含め，周到な準備が必要だったが，大型紙芝居作りに取り組んでみてよかったという感想をもった。安易にできるよりは，多少手間のかかると思われることにも取り組むことによって保育の質が向上することを担任自身も感じていた。6月には，隣の5歳児クラスが「はらぺこあおむし」を題材に大型ペープサートをグループで作成し，誕生会の出し物としてクラスのみんなで取り組んだ。この時期に，このような形で5歳児自身が表現するチャンスをもてて，年長になった自信を感じることができてよかったと思う。

　このことは幼稚園学校運営連絡協議会でも，1学期の実践として報告した。そこでは小学校の国語の表現力の基礎を育成することにつながる実践であるという評価を受け，保育の質の向上を確認することができた。この実践をカリキュラムの改善に生かし次年度にも取り入れていくこととした。

3　ま　と　め

　これらの事例から，以下の力を培うことが保育者の専門性の向上につながると考える。

> ①　行事と日常の保育との関連を子どもの育ちにフィードバックさせて考える力
> ②　保育全体を「学び」につながる視点で見直す力
> ③　子どもの発達に応じて適切に保育を構想する力
> ④　課題を自分のものとして捉え改善工夫する力

　今一歩の努力を促し，保育者自身が子どもの育ちの願いをもち，チャレンジしたことをやりきったことで，子どもたちの成長を実感し，達成感を味わった。この繰り返しの中で，専門性の向上が図られるのではないだろうか。

第2章
3,4,5歳児の発達と援助の在り方

1　3歳児の発達と援助の在り方

1　保育者に親しみをもち安定していく時期（4月～5月）

● 入園したての時期

3歳の子どもたちにとって初めての集団生活であり，不安と緊張でいっぱいである。保護者にとっても不安のある時期である。事前の一日入園や保護者の説明会に参加しわかっているつもりでも，実際に入園すると期待と同時に様々な心配を抱いているものである。入園式は子どもの持続時間を考慮し，簡潔であたたかく迎える気持ちが伝わるよう工夫することが大切である。

● 遊びへの取り組み

家庭で過ごしていた時と同じような遊具（ぬいぐるみ・ミニカー・電車，ままごと）などを手掛かりに，担任とのつながりを求めながら遊ぼうとする。
中には，初めての集団生活に戸惑いや不安を抱え遊び出せずにいる子もいる。

- ●人とのかかわり
  母親と離れられない子どももおり，大人とのかかわりを手掛かりに安定していく。一方，友達へ関心をもつ子どももいるが，静かな家庭との違いに戸惑い友達の存在を邪魔だと感じたり，『うるさい』と言って拒んだりする姿も見られる。個々に担任教師とのつながりを求めている。
- ●学級活動
  園生活を楽しみにしているが，期待と不安がある。簡単な手遊びや紙芝居を喜ぶ姿もある。「自分と先生」「自分は〇〇組」ということは認識しているが「クラス」という意識はあまりない。
- ●生活への取り組み
  母親へ依存する気持ちがあり，生活の変化に戸惑っている。
  月齢差，生育歴，などによっての生活習慣や遊びの経験など個人差が大きい。
  手洗い，排せつなどの基本的なことは大人の手助けによってできる子どもが多いが，まだ自立していない子どももおり，一つ一つ丁寧に教えていくと，身支度など自分でやろうとする姿も見られる。実際にはまだ大人の援助が必要な時期である。

❶　遊びの環境の構成と援助

　園は楽しいところであると感じられ，家庭で過ごしているように，緊張せずに安心して過ごせるように保育室の環境を整え自由に遊べる雰囲気づくりをすることが大切である。

❶ ままごとコーナーに，人形やぬいぐるみを用意し，ままごとのお皿などはテーブルに出しておき，すぐに遊び始めたくなるような雰囲気を作る。

❷ 自由に絵が描けるようテーブルに画用紙やクレヨンを出しておいたり，ブロックや電車や線路，ミニカーなどいくつかのコーナーに遊びやすく用意したりする。

❸ 絵本コーナーなど一人で静かに過ごせる場も作っておく。

　不安を感じている子どもには小動物とのかかわりが心の安定につながることがある。例えば，モルモットや金魚などを見たり，保育者と一緒に餌をやったりすることで，気持ちが徐々に安定してくることもある。

何して遊ぼうかな？
ママ、まだお迎えに来ない？

モルちゃん
お野菜食べてください

　また、園庭での遊びを好む子にとってはのどかな春の日を浴びて戸外での遊びは心躍る時間となる。3歳児が安心して砂場で遊べるよう3歳児用のコーナーを設けたり時間を区切って3歳児だけの時間を作ったりするなどの環境づくりが大切である。はじめは、砂の感触を楽しめるよう水や大きなシャベル・ジョウロなどを出さず小さなシャベルや器などを多めに用意し、保育者も一緒に参加しながら砂遊びの楽しさを知らせていく。またその際、安全指導として砂を目に入れないようにすることや友達に砂をかけないなどの約束なども知らせていく。約束や決まりに縛られ過ぎないよう楽しく遊べる雰囲気づくりも大切である。砂が苦手な子には無理強いすることなく楽しく遊んでいる子の姿を見せていくなどして、少しずつ砂遊びに興味が持てるようにしていく。

　園庭に出るためには、帽子をかぶることや遊具の安全指導は欠かせない。特に、3歳児の好きな滑り台では順番に滑ることや滑る方向を一定にすることなど、ぶつかったり怪我をしたりしないように、一緒にその場に行って丁寧に遊び方を知らせていく。電車に見立てたり踏切に見立てたりしながら順番の調整をするなど約束を守れるようにするための楽しいかかわりの工夫をすることも大切である。

　ブランコなど、子どもにとって魅力的であるが、安全に十分留意する必要のあるものなどの園庭遊具には、必ず保育者がそばにいて、「1, 2, 3, ……8, 9, 10 おまけの、おまけの汽車ポッポー、ポーとなったら代わりましょう、ポ, ポー」など歌を一緒に歌いながら順番や交代を楽しい雰囲気の中で身に付けられるようにしていく。

同じ場でそれぞれが楽しんでいる。
「ごちそうつくるかな？」

● この時期の援助のポイント

　登園時は特に，一人一人の気持ちを受け止め，母親から離れられない幼児は，抱いたり，膝に乗せたりスキンシップをしながら，保育者に依存し甘えたい気持ちを満足させていく。比較的安定して楽しく遊び始められる幼児へも笑顔とスキンシップを忘れず，一人一人の子どもと担任の信頼関係をつくっていく。

2　生活習慣の形成に向けての援助

　靴箱やロッカーなど身の回りの物を始末するために個別のマークをそれぞれ同じものを付け分かりやすくしていく。例えば，自分のマークがチューリップであるとすれば，靴箱もロッカーもタオルかけも椅子の位置の印も同じマークを付けるというようにして自分の場所が安心してわかるようにしていく。また，手を洗う，トイレに行くなど生活の区切りの場面でこまめに声をかけ，個々に知らせながら段階を経て徐々に身に付くようにしていく。

　まだ，排せつの習慣の付いていない子にも不安にならないよう，一人一人のトイレでの排せつが安心してできるよう，担任も一緒にトイレの中まで行ってみて，実態を観察したり手伝ったりしながら，何に困っているのかを把握し，使いやすい環境作りに配慮する。

3　学級活動の場面の援助

　十分に遊んだ後，「片付けて，集まると楽しいことがある。」という生活の流れが身に付くよう，保育者も一緒に片付けながら，次の活動へ期待を持たせていく。主な活動としては次のようなことがあげられる。時間は短時間で，飽きることのないように，いくつかの教材を用意しておく。気に入った歌や手遊びができてくると何日かは繰り返し歌うことで安心感が持てるようになる。

　　・子どもの知っている歌……担任が歌って聞かせたり一緒に歌ったりする。

- 簡単な手遊びやリズム体操……担任のまねをしながら体を動かして楽しむ。
- 簡単な紙芝居や絵本……単純なお話を担任が語り聞かせたり読みきかせたりする。

❹ 家庭との連携

入園当初は特に保護者も園の生活について不安をもっているので，日々の主な幼児の様子を伝えていく。

- 学級だよりで，子どもの遊びの姿や言動など楽しそうなトピックスを伝える。
- 登降園時に直接保護者と話せる機会を逃さず園での様子を伝えていく。

できるだけどの保護者にも平等に話しかけるよう心がける。

また，幼児の生活のリズムが整わず，夜更かしで睡眠や食事が習慣化していない幼児には家庭に協力を求め，家庭と園ともに徐々に整っていくように連携していく。

誕生会は，集会活動に慣れるまでは保育室で行うことが望ましい。保護者の参加をお願いする時には，誕生児以外の幼児が自分の母親が来ていないことで不安定になることもあるので，自分の子どもにかかわるだけではなく「みんなのお母さん」という気持ちで参加していただけるよう事前にお願いしておく。

うちのママは？
僕のお誕生会は？
まだ？

2 新しい環境に慣れてきた時期（6月〜7月）

園に慣れてくると，楽しみに登園してくる幼児が多くなってくる。また，自分から新しいことに興味を持って遊び始める幼児と，まだ赤ちゃん的な幼さのある幼児とがいたり，一人の幼児でも赤ちゃん的な面の混在する幼児もいたりするので，一人一人に合わせて，発達の違いを考慮した環境の構成や援助の在り方を柔軟にとらえていくことが重要である。

● 遊びへの取り組み

室内の遊びや砂場遊びなど活発に体を動かしながら様々なことに興味関心が向くようになる。中には，危険な遊び方をする幼児もいるので遊具用具の使い方や遊び方の安全指導が大切である。新たな遊びの提案にも興味を示すようになるので，経験の幅を広げていける

時期である。
- ●人とのかかわり
  友達に関心を持つようになり，偶然そばにいる子と同じ場で同じような動きをすることを楽しんでいる。
  担任に親しみをもって一緒に遊んだり，話を聞いたり，見たり真似たりするようになる。
- ●学級活動
  担任とのつながりの中で興味を持って集まってくる子どもも多くなってくる。担任の真似をするなど，親しみを感じるようになりスキンシップや自分の名前を呼ばれることを喜ぶようになってくる。
- ●生活への取り組み
  身の回りのことも自分でやってみようとするようになる子も増え，園での生活の仕方が分かってくる時期である。まだ手洗いやうがいなどの習慣形成には個人差があり，大人（担任や担任以外の職員も含む）の見守りがなくてはできない子どもも多くみられる。

1 遊びの環境の構成

- 自分から興味をもったことに取り組めるよう興味や関心をとらえた材料や用具を準備し，やりたいときにできる時間や場・遊具の数を用意しておく。
- 一人の子が始めたことは「僕もやる」「私もやりたい」など，どの子どももすぐに取り組みたくなるので，友達と同じものを持ったり身に付けたりできるよう，遊具などの数を多めに用意したり分かりやすい置場を作ったりするなど，遊びやすい環境作りへの配慮をすることが大切である。遊びへの興味をそがないよう見通しを持った教材の準備が必要である。
- 季節も良い時期でもあり，小動物や自然に触れる機会が気持ちの安定につながることも考慮し，のびのびと戸外で遊べるよう，春から初夏に向けての草花などを遊びの中に取り入れられるようにしていく。
- 戸外での固定遊具の使い方や片付ける場所，順番など園でのルールを知らせ，4，5歳児とも連携しながら子ども同士が教えあう関係も大切にしていく。
  3歳児は体力や運動能力が未熟な面があるので固定遊具や三輪車などを使う遊びでは，一人一人の運動能力も見極めながら無理や危険な遊びにならないよう配慮する。走っても転びやすいので，こいのぼりや吹き流しなどを持って走るときには，長い距離にならないように配慮する。

風さーん！
やほーー！

- 蝶や小鳥などになりきって遊ぶなど見立てたりなりきったりする楽しさが味わえるようお面なども大切な遊びの教材となる。
- ままごと道具など，片付けやすく出しやすいよう棚に絵の表示やマークを付けるなどして分類整理しやすく，シンプルに分かりやすく置くようにする。
- 製作コーナーではお面など輪郭を描いたものやベルトを用意しておき共同のクレパスなどを使うようにし，個人持ちのクレパスは使い方を徐々に知らせてから出すようにする。ハサミは自分の髪の毛を切ってしまうなどの事故が起こりやすく，怪我につながる危険もあるので十分安全指導に心掛ける。また，基本的には，子どもの経験差や発達，学級の様子によって出す時期を考えていく。
- 砂遊びでは，適度な湿り気のある砂で型抜き遊びを繰り返し楽しめるよう砂場のコンディションを毎朝整えておく。また，長いシャベルやバケツなどダイナミックな遊びにつながる遊具は3歳児のこの時期には控えて徐々に水を使えるようにしていく。
- 水遊びでは，身支度などを整えて思いっきり遊べるようにする。また，水への恐怖心のある子もいることを考え，プール，色水，フィンガーペインティング，絵の具遊びなど経験差に配慮したいろいろな水遊びの場を用意しておく。

● この時期の援助のポイント

- 一人一人のペースを大切にしながらも「やってみたい」「面白そう」と思えるような雰囲気作りを心がけ，遊具が散乱してしまわないよう遊びの場の構成や再構成に配慮する。
- なかなか遊びを見つけられない子どもやまだ不安を抱えている子どもへは，<u>一緒に遊びながら遊びの興味や関心がどこにあるのかを探りながら遊び出せるきっかけ作りをする</u>。
- どの子どもも担任には「自分の先生」という思いがあることから，小さなつぶやきにも耳を傾け，<u>一人一人が受け止められた喜びが味わえるよう共感的に受け止め，丁寧に細やかにかかわりながら，信頼関係を作っていく</u>。
- 友達に関心があるがうまく言葉で伝えられない子どもや，「入れて」「かして」などの遊びに必要な言葉も今まで家庭では経験していない子どももいる。そのため<u>担任が仲立ちとなって友達との接し方や遊びへの参加の仕方が分かるよう場面をとらえて援助する</u>。

❷ 生活習慣形成に向けての援助

❶ 個々のマークや印を分かりやすく

- 入園当初は保護者に手伝ってもらってロッカーに所持品をしまっていた子どもも自分でやってみようとする気持ちになってきている時期であり，あらためて，手順や自分のマークなどの確認をしていくことが大切である。一度できるようになっても遊びに夢中になって忘れてしまう子もいるので繰り返し確認していく。
- みんなで集まる時のために床にビニールテープで集まるところを示したり，いすを置く位置に個人シールを貼ったりして自分の座る場所がどこなのか，安心してわかるような状況作りのための工夫をし，混乱のないようにする。

❷ 動線に配慮した配置・手順の工夫

- 所持品の始末をする場と手洗いの場所やコップやタオル置場との関係など，子どもの動線を考慮して配置の工夫をする。着替えなどの衣類は袋に入れず，かごや引き出しなどを使って，衣類全部が一目で見える状態の収納にし，自分で着替え易い環境にしておく。

- 動線を考えた配置
- 一目でわかる着替えの入っているかご

❸ 表示や絵カードや紙芝居を使って
- 手洗いやうがい，トイレの使用方法，お弁当の手順，衣類の着脱，などの手順をカードや絵で表示したり，絵本仕立てや紙芝居に作ったりして言葉だけでなく視覚に訴えるようにしながら生活習慣が身に付くようにしていく。
- 水道の前やトイレのドアの前など待つ場所には足型の印を床に張るなどの工夫をし，自分がどのくらい待てば順番が来るか見通しをもって，安心して待てるようにすることでトラブルを減らすことができる。これらのことは，繰り返しの中で徐々に身に付くことを期待し，焦らず，急がせることのないようにしていく。

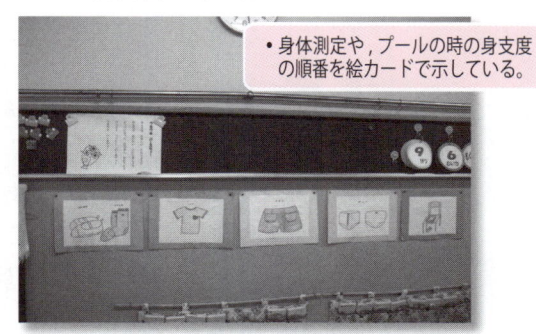

- 身体測定や，プールの時の身支度の順番を絵カードで示している。

❹ できた喜びに共感する
　何でも自分でやりたがる時期であることを踏まえて，一つでも自分の力でできたことを認め，少しずつできることが増える喜びを味わえるようにしていく。ボタンの穴通しなどは「ボタンを半分押しながら穴を通ったところを引っ張る」などちょっと頑張れば自分でできたというように具体的な援助をしながら袖の返し方や靴下のはき方などを伝えていく。

❺ お弁当が楽しい時間になるように

　食事は個人差が大きく，入園前は食べさせてもらっていた子や，お箸を使ったことのない子もいる。好き嫌いのある子やアレルギーの子もいる。最初は，自分で食べられた喜びを味わえるよう少量で食べやすい大きさのおにぎりにするなど保護者に工夫をお願いし，箸だけではなくスプーンやフォークなど用途に応じて用具を工夫する。当分の間は嫌いなものをお弁当に入れないよう保護者に協力を求め，楽しい時間となるようにする。小さい花瓶をテーブルに飾るなど雰囲気作りも大切にする。

❸ 学級活動の場面の援助

❶ 新しい経験を楽しく

　担任の提案したことをやってみようとする意欲的な子どもが増えてきて，保育者がモデルとなって動きながら，簡単な引っ越し鬼やリズムダンスや体操，スズなど簡単な楽器を使ったリズム遊びなど，毎日集まった時に楽しく経験の幅を広げていける活動ができるよう計画していく。

- 音楽に合わせて体を動かすことや大きな音が苦手な幼児もいるため，無理に誘わず，「ちょっと見ていてね，やりたくなったら一緒にしましょうね。」などとゆとりを持って一人一人の参加意識を高めていく。
- 3歳児の鬼遊びでは，オオカミが子ヤギを追いかけるということが楽しめず，オオカミが怖くて参加したくないという子も出てくる可能性があるので，簡単な「小鳥の引っ越し」（赤い小鳥の家から黄色い小鳥の家に行く）など怖さにつながることなく動きの楽しさを味わえるようにすることも大切である。
- みんなでするゲーム遊びなどでは説明や待ち時間が長くならないよう指導方法を工夫していく。

- 集まる場所や並ぶ場所などにラインを引いたりマークや目印の絵を貼ったりするなど教材作成の工夫が大切である。
- 簡単に描いたり折ったり丸めたりすることで自分なりのイメージがわきやすく見立てを楽しめるような、抵抗感のない造形遊びを選ぶ。表現したいものが思い浮かんでくるような導入や表現のプロセスでの言葉掛けが大切になってくる。
- 一斉活動として行ったり遊びの中のコーナーを用意しておき、2、3日から、1週間くらいの中でどの子も経験できるよう誘いかけたりし、保育者のモデルを通して表現の広がりを楽しめるようにしていく。

❷ 天候・気候に応じた一日の流れの工夫

　雨の日や暑い日など気候・天候に応じて生活の流れを考え、「発散と休息」「静と動」を考慮し一斉活動の時間配分などを工夫していく。気温の低い日には砂場での水の使用を制限するなどの配慮も大切である。

　暑さを考慮し休息や水分補給など健康管理にも気を付けていく。

❸ 帰りの前の集まりを大切に

　遊びが止められず、片付けを嫌がり、ずっと遊びたいという子が出てくる頃になるが、帰る前のほっとした時間にクラスのみんなで絵本や紙芝居を見たり、一日を振り返ったりして楽しかったという落ち着いた気持ちで帰ることのできるように時間の余裕をもつようにする。

　身支度などの個人差が大きい時期であるが、手遊びや絵本や歌や楽器などを取り入れ、身支度の早い子がいつも待たされることのないよう、クラス全体に目を向けながら一人一人の気持ちに気付けるようにしていく。

| 3 | 遊びが活発になる時期（9月～12月） |

園生活を楽しみにし，自分のしたい遊びに没頭するようになる。

● **遊びへの取り組み**
自分の好きな遊びを見つけて夢中になって遊ぶ姿も見られるようになる。自分のイメージを言葉や動き，造形遊びなどで自由に表現することを楽しむようになり。のびのびと表現するようになる。友達と一緒の物を持つなど同じ動きを楽しいと感じるようになる。

● **人とのかかわり**
友達と一緒に同じ遊びをする楽しさがわかり始め，自分の思いや考えを通そうとしてトラブルが起こることもある。
自己主張やこだわりの強い子どもなどとのトラブルも増えてくる。

● **学級活動**
担任の姿をよく見るようになり，姿から真似て行うことが多くなってくる。担任の指示を聞いて動いたり友達と一緒に動いたりする楽しさが味わえるようになる。また，全身を使った運動遊びなどをする心地よさを味わうようになる。しかし，運動会などの行事への参加には個人差があり，日常と違う環境に慣れない子の戸惑いも見られるようになる。

● **生活への取り組み**
身の回りの始末など基本的な生活習慣にはまだ個人差が大きいが，自分から取り組み自分でできる喜びを味わえるようになる子も増えてくる。

1　遊びの環境の構成と援助

❶　やってみたいことが実現できる遊具・用具の用意と時間の確保

自分のやりたいことに没頭して遊ぶようになるので，すぐにその遊びの場作りが実現するような<u>自由に使える遊具や用具（ウレタン積み木・段ボールの低い衝立・エプロンやスカート・買い物かごやバギーなど遊びに使えるもの）を幅広く出し用意しておく</u>。また，見立てたり作りながら遊びのイメージが広がっていくことも多いので物とのかかわりが豊かになるよう（空き箱や空き容器と組み合わせることのできる毛糸や京華紙など）配慮するとともに十分遊び込める<u>時間を確保する</u>。

❷　保育者の動きを見せて

<u>担任が小動物の世話をする姿</u>から「おいしそうに食べているね」「きれいになって気持ちよさそう」など，飼育している小動物へも興味関心をもつようになっているので<u>保育者のモデル</u>は重要となってくる。

また，積み木の重ね方や囲い方など保育者の作る姿から安全な使い方が身に付くよう，遊びの中で新たな場づくりの方法を見せていく。

3歳児では，高く積んでは壊すことを楽しむ子もいるが，その楽しさに共感しながらも，他の子が作りたいものにも興味を向けていけるよう促(うなが)すなど，遊びに参加しながら遊具用具の使い方の調整をしていく。

❸ 環境からルールを

遊具や場所の取り合いでトラブルが起きやすい時期である。気に入っている三輪車を絶対に人に譲(ゆず)らず乗り続ける姿が出てきたときには，ただ，「約束を守らない子はダメ」と叱(しか)るのではなく，三輪車の道をラインで引いて園庭を区切って使うなど園庭の使い方を整理したり，駅を作りベンチを用意したりして，次に使いたい人が待てるような環境にし，「お客さんが待っているね」と交代の必然性に気付かせ交代しやすい環境を作っていく。

● この時期の援助のポイント

❶ つもりになって遊ぶ姿を大切に

3歳児ならではの遊びは，何かになりきったり見立てたりして遊ぶごっこ遊びである。何かのきっかけで遊びが生まれ，楽しいと感じると繰り返し遊びを楽しむようになる。そのプロセスに目を向けて，遊びに必要な身に付けるものなどを一緒に考えたり提示したりしながら遊びが発展していくように援助していく。

> おそうじ！おそうじ！

❷ 遊びの中での安全指導

遊びの中で作ったり作ったものを遊びに使ったりするようになるとハサミや糊(のり)，セロテープの使い方などが子ども自身で使えるようにすることが大切である。「これはおそば，これはお寿司ね，これはお弁当のおにぎり」など，色画用紙を切ったものや毛糸をそばに見立てたりするなど物とのかかわりの中でイメージが想起(そうき)され見立てて遊ぶ姿が多くなってくる。

また行動範囲も広がり，無鉄砲(むてっぽう)なことをすることもあるので遊具の使い方などの安全指導は繰り返し行っていく。

❸ 朝の環境・遊びの場作り

昨日の遊びの様子から本日の遊びを予想し，子どもの興味に合った材料の数や種類を考えて準備し，遊具の量や置き場，昨日作ったものを遊びの中で使うにはどこに保管し，どのように提示するかなどを考えなが

ら，一日の遊び始めの環境を丁寧(ていねい)に作っておく。3歳児にとっては特に遊び始めの環境作りの丁寧さが遊ぶ力を育てることにつながっていくので大切な指導方法の一つである。

①登園時にイカやタコの形に切ってある赤と水色の色画用紙を用意しておく。
②目や口を描いた子どもは，海のトンネル（透明ビニール）にセロテープでつける。
③巧技台を組み合わせた場を教師が構成し，そこで魚になったつもりでくぐったり渡ったりして遊ぶ。

❹ 友達の動きや気持ちに気付かせる

この時期はまだ，並行遊び（同じ場にいて同じような遊びをしているが個々の思いだけで遊んでいる）の子どももいるが，遊びにかかわりながら「○○ちゃんと一緒の物ができたね」など周囲の子どもの動きにも気付かせ，共感できるよう橋渡しをし，友達に関心を持てるように媒介(ばいかい)者としての役割をしていく。また，場や物の取り合いでのトラブルは，一人一人の気持ちを受け止めて，相手の気持ちに気付けるように援助していく。

❷ 生活習慣形成に向けての援助

❶ 遊びの中で簡単なきまりを

ごっこ遊びの中で靴を脱いだら後ろ向きにして整えること等，トイレのスリッパを整えることなどにつながる生活の仕方をさりげなく伝えていく。

❷ 片付けの中で色や形の分類

3歳児では安全を考慮して，ウレタン積み木を使うことが多いが，赤・青・黄・緑など色で分類すると片付けやすい。

ままごとの皿や器など種類ごとに重ねたり，決められたところにしまうなど片付けの中で分類の習慣が身に付いていくようなきっかけ作りをしていく。

❸ 汚れることや怪我に対応して

砂場での汚れを気にして参加できない子は減ってくるが泥粘土や初めて出会う虫，初めての経験に対してはどうしてよいかわからない子もいる。保育者も一緒に虫を手のひらに乗せるなど触って見せたり，汚れないためには腕まくりをすることや，汚れた靴下は脱ぐことなどを知らせるなどして一人一人に合った具体的な援助の工夫をしながら状況に合わ

せて自分でできる生活力を高めていく。

　また，小さい怪我(けが)でも必ず担任に知らせるようクラスのみんなに伝えておき，本人が伝えなくても他の子どもが「○○ちゃんがころんだ」など，クラスの中で困ったことがあったときには担任や他の保育者に伝えることができる関係を育てておくことがクラス経営の視点として大切になってくる。

❸　学級活動の場面の援助

　運動会や遠足などクラスのみんなで動くことが増えていく時期であるが，まだ，全体への指示は受け止めにくい幼児もいるので一人一人に伝える気持ちを忘れずに丁寧な準備をしていく。

❶　遊びの延長としての運動会

　遊びの中で生まれたイメージを運動会のリズム表現に生かしたり，運動会で経験する体操などを遊びの時間にやって見せたりするなど，遊びの延長線上に運動会があるように保育を構想していく。

❷　楽しみながら無理なく体を動かして

　体を動かして表現することの苦手(にがて)な子どもや走ると転ぶ子どもなど個人差が大きい3歳児は，みんなで動くことが嫌いにならないように，自分からやってみようとする気持ちを認めて励(はげ)まし難しいときには手を貸しながらその子のやる気を引き出し満足感が味わえるようにする。

❸　静と動のバランス（運動と絵本や楽器遊び）

　運動的な遊びや戸外での活動が増えるので，集中時間や持続時間を考慮し，子どもの健康状態に配慮して，室内での絵本の読み聞かせなど，静かな活動の時間の設定もバランスよく考えていく。

　また，簡単にできる交互奏などで，知っている歌に合わせてスズやタンブリンなどの楽器をリズミカルに鳴らして楽器遊びの楽しさを感じるなど，クラスのみんなでする活動の面白さを味わえるようにする。

❹　経験したことをのびのびと表現する

　自分なりに表現することを楽しめるようになってきているが個々の経験差が表れやすい絵画表現では，表現の手掛かりを与えたりしながらちょっと加えればできるように工夫する。また，子どもが自分の思いを表現しているつぶやきを書きとめるなどして，子どものイメージをとらえた言葉掛けができるようにしていく。

4　安定した気持ちで過ごせる時期（1月～3月）

園生活を楽しいと感じて日々安定した気持ちで園生活を送るようになってくる。他学年への関心も高まり，4，5歳児の影響を受けて自分たちも真似してみようとするなど成長への期待が膨らんでいる。

- **遊びへの取り組み**

  気に入った友達と一緒に遊ぶことを楽しいと感じるようになり，ままごとのお母さん役やうさぎのお姉さん役になるなど，なりきって遊ぶ楽しさを味わえるようになっている。遊びのイメージを個々に出しあいながら同じ場にいながらもそれぞれ違う動きを楽しむようになってくる。

- **人とのかかわり**

  自分の思いも出しながら友達と一緒に過ごすことが楽しいと感じられるようになり，言葉の発達が目覚ましい時期である。友達や保育者へ話しかけ，休みの日に経験したことなどを言葉で表現するなどおしゃべりになってくる。

- **学級活動**

  クラスとしてのまとまりができてきて，一緒に声を揃えることや同じ動きでリズミカルに踊るなど一斉活動への取り組みも気持ちを揃えてできるようになってくる。一方，絵画製作など手先の器用さなどは個人差がまだ大きく，興味のある子とない子では取り組みへの気持ちの向け方に違いがあり，個別に援助することも求められる。全身を使った遊びを十分にしながら，寒くても活発に運動遊びを楽しめるようになってくる。

- **生活への取り組み**

  身の回りのことや生活に必要なことなど自分でしようとする姿が見られ，着替えなどはほとんど手伝わなくてもできるようになってきている。
  一方でトイレの後の手洗いを省いてしまうなど，できていたことが乱れてきて，基本的生活習慣の再確認は必要である。

❶　遊びの環境の構成と援助

❶　室内環境の再構成を

ままごとをしたい子どもが増え，同じ場にいながらそれぞれ違うイメージで遊んでいることがある。そのような場合は，遊具や道具をうまく分けたり段ボール箱で作ったりしながら，保育室の中にままごとコーナーを増やすことも大切である。また，積み木の置き場所を変えたり製作

コーナーに出すものが増えたことで広さを変えたりするなど，クラスの子どもの遊びの変化に合わせて室内環境を見直すことが大切である。そのことによって遊びが一段と活発になり，2，3人のグループが安定してそれぞれの遊びを展開していけるようになる。また，暖房器具やお弁当保温器などの設置場所によっては保育室の物の置き場所を変えるなど季節に応じた環境作りの工夫も求められる。

❷ 物の量と動線を考えた援助

　2，3人の好きな友達と一緒にいられる場を作れるよう，いくつもの遊びの場ができ，積み木で作った電車，お家やお店屋さんなど，遊びの場がぶつかりあわないように動線を考慮した場作りの調整が必要である。

❸ 想像の世界の再現遊びから劇の発表会へ

　テレビやアニメなどからのイメージで遊びを展開する場合にはたくさんのお面を用意し，なりきることによって生まれる言葉のやり取りを楽しみ，イメージを持って動けるように援助していく。「三匹の子豚ごっこ」や「七匹の仔ヤギごっこ」などの再現遊びでは，お話のストーリーに沿ってできたテープを流しながらそれに合わせて動くことで，なりきって遊ぶ楽しさが味わえることがある。なりきって遊ぶ中で出てきた簡単な言葉のやり取りを楽しんでいる姿を大切にしていくことで言葉の発達を促すことにもつながっていく。

オオカミなんかこわくない

チビヤギさんは時計の中

❹ 体験したことの再現遊び

　クラスのみんなで行った劇遊びや4，5歳児の劇遊びなどを見て，真似てやってみたい子には，衣装などを貸し合って互いの表現遊びをごっこに生かせるように保育者同士も連携を密にする。

　登園前に，子どもたちが登園してきたらすぐに遊びだせる環境の構成を心掛け，エプロンやスカートなどの身に付けるものはそれぞれの子が満足できる数を用意することも大切である。例えば，病院ごっこなど自分たちの生活の中での体験を再現する遊びを楽しんでいる場合は，それにふさわしい，ナース帽や医者の白衣（ワイシャツでできたものなど）

を出してみたり，プリンカップとリボンで聴診器等を作ったりすることでそのものらしい遊びが展開していく。パーマ屋さんごっこやお店ごっこなど，物からのイメージで遊びが楽しくなり，なりきってごっこができるように子どものイメージをとらえて，身近にあるものを使って物作りをすることなど保育者の発想力や教材研究の力が求められる。保育者の豊かなアイディアあふれる環境作りが遊びを豊かにしていくことになる。

❺ 戸外での探検遊びに知的好奇心の育ちを

寒さの中でも３歳児なりのビニール袋凧・ハガキ凧を風になびかせて走る遊びなど，戸外でも遊びは盛んになる。寒さに負けずに子どもの発見に寄り添い一緒に面白がることも大切な援助になる。３月になると小さな虫にも目が向き始め，チューリップの芽が出てきたことに気付くなど子どもの発見に共感することが大切である。

● **この時期の援助のポイント**
- 言葉のやり取りが活発になるが呼応しているだけで好きなことをそれぞれ言い合っていることも多い。無理に一人一人の会話のつじつまが合うように調整する援助をせず，子ども自身が楽しんでいる部分に共感していく。
- 気に入ったところを繰り返し行うことがあるが想像力や感性の育ちをしっかりと受け止め，その子なりの表現を認め，一人一人が自分の思いを出しながら友達と一緒に過ごすことを楽しめるようにしていく。

> A児「トー！」
> B児「ター！」
> C児「ダ，だ，だ，ー」
> D児「運転手さん私も乗ったよ」
>
> ……などと同じ場にいるがそれぞれのイメージを出し合って楽しんでいることがある。

❷ **生活習慣形成に向けての援助**

❶ 室内と戸外との気温差による過ごし方に向けて

着てきたコートの始末など３歳児には難しい場面である。園によってはスペースがないときには保護者に持ち帰ってもらうなど冬の過ごし方の工夫が大切である。

❷ うがい・手洗いなどの励行

　うがいの仕方が分からない3歳児もいるので，クラスのみんなで歌や手遊びなどを使って楽しく知らせていき，絵や図で示したものを貼っておくなどし，手洗い・うがいが習慣となるよう繰りし指導する必要がある。また，鼻をかめない子どもも多く，家庭にも協力を得て，自分でできる方法を一人一人に場面をとらえて伝えていく。大人がやってあげれば早いが，子ども自身ができるように家庭との連携をしながら根気よく援助していく。

❸ 遊具の片付けから美的感性の育ちを

　一つ大きい組になるという期待や自信につながるよう，学級のままごと道具の片付けや，自分のロッカーや引き出しの片付けなど3歳児なりにできることをさせていく。遊びの延長線上の掃除という感覚で，楽しみながら行い，「きれいになったら気持ちがよい」という感性を育てていくことが大切である。

❸ 学級活動の場面の援助

❶ 日常の遊びから劇の発表会へ

　好きな遊びの場面で，様々なものになりきって遊ぶ姿が見られる時期である。子どもたちが親しんできた絵本やお話のストーリーの簡単な劇遊びを学級全体で演じて遊んでみることから，徐々に発表会につなげていくことが望ましい。担任も登場人物になって一回ごとに演じる役や流れに変化をつけながら，演じることの楽しさを味わわせ，見せるための練習ではなく，なりきって遊ぶ延長線上に発表会が位置付くような指導が大切である。子どもが表現の楽しさを味わえるよう，そのものらしい小道具などを作り雰囲気づくりを十分し，その中で自分なりにのびのびと動く楽しさを感じられるようにしていく。

❷ 季節や行事に関する製作に興味をもって取り組めるように

　手先も次第に動くようになり，友達や担任がしていることに興味をもって，自分なりにやってみようとするようになる時期である。折り紙を折ることや糊で貼ることなど様々なことを取り入れた製作も楽しめるようになってくる。豆まきや雛祭りなどの行事に向けての製作で，自分なりの表現を楽しめるよう，技術的には簡単なもので3歳児が興味をもって取り組みやすい教材を選択し，無理なく表現する楽しさが味わえるよう工夫することが大切である。ハサミや糊の使い方など，個別に指導を要する子には，手を添えて伝えながら経験が積み重なるよう指導の繰り返しが必要である。

セロテープの長さは
ピーッピーね。

❸ のびのびと体を動かす楽しさを
　ボールを転がしたりけったりする動きや，マットでころころと転がる動きなど，多様な動きの体験を楽しめるようになる時期である。戸外でのびのびと体を動かして遊ぶ時間を十分確保しながら楽しみながら運動できる遊びを取り入れていく。また，友達と声を揃えて掛け声をかけ，一緒に動く楽しさなどが味わえるよう，簡単なルールのある鬼遊びなども投げかけていく。

2　4歳児の発達と援助の在り方

1　新しい環境の中で安定し保育者や友達とのかかわりを楽しみながら自分を出す時期

■ 進級したての時期（4月～5月）

　新入園児（2年保育児）と進級児（3年保育児）とそれぞれに，環境が変わったことで不安になる時期である。新入園児は周囲の環境への興味があり友達への関心も示し，園に来ることを楽しみにしていた子どもがいる半面，なかなか慣れず，母親と離れられない子どももいて，個人差はまだ大きい。

　特に，クラスの中に，2年保育児と3年保育児が混在しているクラスでは，担任は，個々の子どもとの関係を丁寧に築いていく心構えと配慮が必要である。

- 遊びへの取り組み
　保育室内や園庭の環境に興味を示し，好きな遊びを見つけて遊ぼうとする子と，家庭で遊び慣れていた折り紙やお絵描きや絵本などを手掛かりに安定しようとする子とがいる。一方で，環境の変化を感じて自分の好きな遊びを見つけられない子もいる。
- 人とのかかわり
　自分の好きな遊びを通して出会った友達に関心を持って，一緒に遊ぶ子どもや，以前から知っている友達とかかわりながら一緒に遊ぼうとするなど友達と遊ぶことで安定している子どもが多い。しかし初めて入園した幼児は担任を拠り所としながら新しい友達を求めてかかわろうという気持ちを持っている。中には一人遊びの子もいるなど発達や個人差はまだ見られる。
- 学級活動
　自分のクラス名が分かりの所属意識はあるが，まだ仲間意識はばらばらであるため，担任が投げかけるクラスのみんなでする遊びや紙芝居などを楽しみにしている。うまく好きな遊びを見つけられない子にとっては集まると楽しいことがあることがより園生活の拠り所となっている子もいる。
- 生活への取り組み
　進級児は園生活の仕方はおおむね分かっているが保育室・担任・友達が変わり，生活の仕方に戸惑いを感じている子もいる。片付など

> 身に付いていたはずの習慣が崩れ，片付けの時間になったら逃げて行ってしまう子も見られる。新たなクラスとしてのルール作りが求められる。新入園児には，手洗いうがいの仕方やロッカー靴箱の使い方の他ハサミの使い方など初めてのことが多いが教えていくと一つ一つ身に付ける力は持っている。

❶ 遊びの環境の構成と援助

❶ 室内環境の整え方とその援助

- 新入園児に対しては，家庭で遊んでいたブロックや折り紙，ぬいぐるみやミニカー・電車と線路など3歳児の保育室と比較的似た様な環境を作っておく。
- 進級児は3歳児の時に遊び慣れていた遊具を手掛かりに安定していくので，親しみやすい雰囲気を作り，なるべく早くここが「自分のクラス」という意識をもてるようにいく。進級児はすでに，3歳児の時にハサミやクレパス，セロテープ等を使って遊んだ経験があるので，製作・描画コーナーも作っておく。ままごとコーナー，積み木コーナーも充実させ，遊びたいと思うことがすぐに実現できるよう，ヒーローもののお面やお面バンドなど，変身遊びなどができるようにしておく。
- 新入園児にとっては初めての環境であり，進級児にとっては保育室の場所が変わり，環境が変わったことから遊びだしにくい幼児もいるので，遊びたくなる雰囲気のある環境作りを心掛ける。

❷ 園庭での遊び環境の整え方とその援助

- 不安を抱えている子も戸外での草花や小動物などの自然に触れると気持ちが落ち着いていく。春の園庭に花が咲きほこる環境を計画的に作っておくことも大切である。
- 担任と一緒に動くことで心の拠り所となるので，砂場や固定遊具，追いかけっこなどの遊びに参加しながら丁寧にかかわり，その中で何を楽しんでいるかを把握し，共感的に受け止めることで，安定して楽しめるようにしていく。
- 新入園児には固定遊具や三輪車など怪我のないように安全な遊び方のルールを知らせ，進級児には再確認していく。

- 砂場での遊びは，落ち着いて遊べるよう，はじめは大型シャベルやバケツなどを出さず，友達と一緒に山作りやトンネル作りケーキ作りなどが楽しめるようにしていく。

❸ 安全指導

新入園児は，ハサミの使い方，積み木や巧技台（こうぎだい あつか）の扱いに慣れていない場合もあるので，その都度安全指導に気を配ると同時に，学級全体に対しての安全指導を行っていく。

2 生活習慣形成に向けての援助

朝の挨拶（あいさつ）など心をこめて，一人一人と交わすことで挨拶の仕方が身に付いていくので，大切にしたいことである。環境が変わった進級時には改めて安全指導をするとともに，室内の遊具の置き場所の表示を作り直し，自分たちで分類整理がしやすいようにしていく。

❶ 表示の工夫

一人一人の靴箱やロッカーなどの氏名とマークなども3歳児の時よりは小さいものでも認識できるようになっているが，分かりやすい動線や配置を工夫する。砂場での腕まくりなど遊びにふさわしい服装はその都度知らせ，動きやすく遊びやすい身支度（みじたく）を自分でできるように少しずつ伝えていく。

❷ 片付け

遊びが楽しくなって，片付けが自分たちだけではできないほど遊具が

出てしまい片付けに時間がかかることもある。特に進級児は「慣れ」になって手を抜く子も出てくるため、担任も手伝いながら、片付けの大切さや次に行われる活動を知らせていく。また、頑張って片付けている姿を認めることで奇麗に片付いた喜びをともに味わい、片付けに気持ちが向くようにしていく。

❸ 自分でできるトイレ習慣

　トイレは、3歳児とは違ってほとんどの子が自分でできるようになっているが中には自宅以外のトイレの使用に不安を感じている子もいるので、順番を待つことや手を洗うこと水を流すことペーパーの長さや切り方など使い方を丁寧に伝え、手伝ったりしながら、徐々に安心して自分でできる方向に指導していく。

❹ 水道の使い方

　水道は蛇口栓など家庭とは違う仕組みになっている園も多いため、水の出し方と止め方、手を洗う時には腕まくりをするなどの始末の仕方など、家庭で教えていなことも多いため、一人一人の子どもがどのようにしているか、確認しながら必要に応じて個別に知らせたり絵や表示などを使って学級全体に知らせたりしていく。

❸ 学級活動の場面の援助

- 遊びを楽しんでいる子どもの姿を尊重しすぎ、片付けの時間が遅くなるとクラスのみんなでする活動の時間があわただしくなり落ち着かなくなる。
そこであらかじめ、片付けに時間がどのくらいかかるかを見極め、声掛けのタイミングを見逃さず、なるべくスムーズにクラス活動へと促していく。
- クラスでの活動も担任や新入園児などとも心通わせ、楽しい時間となるよう、はじめは短時間の内容を工夫し、新鮮で<u>簡単な手遊びやリズム体操・ダンスなど</u>、<u>体を動かしながら触れ合えるものを工夫する</u>。
- お話や紙芝居なども季節感のあるものや、ほのぼのと心温まる、8場面くらいのものを選び、徐々に、担任にもクラスにも慣れていくよう温かな言葉掛けや楽しい雰囲気を大切にする。

❹ 家庭との連携

　進級児も環境などの変化に戸惑いながら、うまく担任に伝えられず、家庭に帰って親に訴える場合もある。担任はなるべくクラスでの新入園児はちょっとした友達とのトラブルなどで、登園を嫌がる子どもの保護者に、今日の楽しかった様子を降園時に伝えたり不安を抱えている保護者には声をか

第 2 章　3，4，5 歳の発達と援助の在り方　49

けたりして親も子も焦(あせ)ることなくゆっくりと慣れていくよう，今日できた喜びなど，小さなことでも安心できる内容を伝えていく。

■ **新しい環境に慣れた時期（6月〜7月）**
　進級児と新入園児がそれぞれ安定してきて新しい環境にも慣れてくると園生活を楽しむ姿が見られるようになり，○○組という意識もはっきりともてるようになり生活範囲が広がってくる。

● **遊びへの取り組み**
　当初に用意された環境では少し物足りなさを感じてき友達への関心も高まり，周囲の者への興味も広がり新しいものに目を向ける傾向が出てくる。じっくり遊ぶというより，多くの物を出して遊んだり遊びが飽きると遊具を出したまま次の遊びに移ってしまったりするなど片付けに大変時間のかかる落ち着きのない時期に入ってくることがある。

● **人とのかかわり**
　担任との関係が安定し，新しい友達との出会いに目が向くようになってくる。一緒に遊びたい友達や，偶然に出会った友達などいろいろな場面で友達とのかかわりが活発になり，しかし，自分の遊びたいと思う友達と興味が一緒にならず友達とのかかわりにつまずきを感じ，登園を渋(しぶ)ってみたり，一緒に遊べないことを「いじめられた」と言ってみたりするなど不安定になる子も出てくる。また一方では，追いかけたり追いかけられたりすることを楽しみ，室内や廊下などでも走り回る子どもが増えてくる。

● **学級活動**
　このいろいろなことへの興味関心の高まりや友達への興味関心の高まりを，友達と一緒に遊びたいという表れであるととらえクラス活動の工夫をすることも大切である。新しい経験や触れ合える鬼ごっこなどを好み，楽しい活動には参加することを喜ぶ姿も多い。しかし，繰り返しすることを楽しむ子どもが多い半面中には，クラスみんなでする活動に参加しにくい子が出てくることもある。

● **生活への取り組み**
　季節が変わり夏の過ごし方や，プールの身支度など，新たな生活の仕方が入ってくると，自分のことは自分でできる子と着替えなどまだ手伝う必要のある子など速度も個人差がある。
　片付けの仕方についても必要感をもって取り組む子はまだ少なく，繰り返し丁寧な指導が求められる。

❶ 遊びの環境の構成と援助

　進級児ばかりの学級か，新入児と進級児との混合学級か，あるいは，2年保育4歳児の新入園児だけかによって，クラス経営は大幅に違ってくる。また，担任が変わったり，保育室の場所が変わったり，クラスの人数が多くなったりするなどの変化は，子どもに不安感を与えるものである。クラスのみんなも新しい環境に慣れるまでの時期に違いがあるので，それぞれのクラスの状況を把握し，新しい環境に慣れてきた時点で，保育室内や戸外などの遊びの環境構成の工夫をしていく必要がある。

❶ 2，3人の友達と一緒に過ごせる環境構成

　　新入園児・転園児など新しい友達との出会いから，次第に落ち着いて友達と一緒に遊ぶことを楽しめるようになってきているので，気に入った友達2人の関係で遊びたい子どもが増えてくる。その気持ちを受け止め，遊びの場をまとめすぎず，それぞれの子がやりたいことができるよう環境構成をしていく。「また明日も来たくなる園」となるよう前日の遊びの続きから予想して環境構成を工夫する。

> うさぎのパン屋さん！
> くださいな

> 忙しい，忙しい！

> この子にミルクつくらなくちゃ

❷ 子どもの内面の理解を

　　慣れてきたころに，登園を嫌がる子やなんとなく遊びが見つからず遊びを転々としてしまう子どもも出てくる。3歳児が新たに入園してきたことで，プライドももつようになり，表面的には4歳児らしくふるまおうとしながらも，自分の居場所が定まらずに不安定になっている子もいる。それぞれの子どもの内面を受け止めていくことが大切である。

　　遊びのきっかけ作りとなる段ボール箱，巧技台等も活用し，遠足での経験（例えば水族館）やイメージなども遊びに取り入れ，友達とかかわれる遊びの環境作りをしていく。

> ぼく運転手ね！

> すいぞくかんの
> おさかなになっちゃった

❸　季節に合った遊びの展開の工夫

　　暑い時期になり水遊びが多くなってくる，砂遊びや色水遊び・プールなど水とかかわる遊びが増えていく。パラソルや木陰(こかげ)をうまく使って，いろいろな素材を試しながら繰り返し遊べるよう用具・遊具の数や場作り方を工夫する。

　　また，いろいろな遊びとフィンガーペインティングの場など子どもの動線を考慮し他のクラスとの連携もしながら遊びの場作りの工夫をする。

2　生活習慣形成に向けての援助

❶　クラスのルール

　　年度初めに，生活の仕方や約束事，安全指導など細やかに指導してきたことを基にしながら，新たな問題が出てくるたびにその都度学級のルールを決めながら社会性の芽生(めば)えを育てていく。

　　例えばカメの飼育では，どの子どもも餌をやってみたいということから，どうすればどの子の気持ちも実現しながら，餌のやり過ぎにならないないかということや，餌を与える順番まで待つことやカメにとっての餌の量などを知らせ，納得して日々の餌やりのルールをクラスで作っていくことが必要である。ただ保育者の決めたことに従わせるというのではなく，子どもたちも分かってみんなが過ごしやすいためにクラスのルールとして決めていくことが大切である。

❷　園のルール

　　砂場での用具の置場や使い方，また水は，たらいの汲(く)み置きのものを使い，水道の流しから直接水を運ぶことはしない，使い終わったものを洗うためのたらいを用意する，きれいな水と使い分けるなど，園によって砂場や水の使い方の決まりがある。三輪車はベンチを駅に見立てて3歳児，4歳児，5歳児が共通に順番を待てるようにしておくなども，それぞれの園庭の使い方の決まりである。園環境に慣れてきたこの時期にこそ，このような園のルールをより細かなところまで徹

底できるよう繰り返し伝えていくことが大切である。この時期にしっかりと守れるところまで育てておくと「こうしなくちゃいけないよ」と幼児同士で伝え合えるようになり、園の文化としてのルールがきちんと整っていく。個別に伝えるとともにクラス全体の話し合いの場面に紙芝居や絵カードなど視覚教材を使って丁寧に伝えることも大切である。

❸ 学級活動の場面の援助

　この時期になるとやっとクラスがまとまってくるころであり、一人一人が自分も含めて「クラスのみんな」ということを意識し始める時期でもある。したがって、簡単な2種類だけの「フルーツバスケット」から始めて、3種類に増やしたり、「ハンカチ落とし」などの室内ゲームも雨降りの日などには有効な時間となる。また、戸外での「はじめの一歩」「オオカミさん今何時」という鬼ごっこなど十分体を動かしたり、声をそろえたりする遊びを取り入れるようにする。クラスのみんなで行うと楽しいという集団生活への意識がもてるようにしていくことが大切である。

　クラスのみんなで一緒に歌ったり、新たにカスタネットやスズなど簡単な楽器も取り入れ、知っている歌のメロディーに合わせて楽器遊びをしたりするなど、楽しみながら表現の幅や経験の幅を広げ、それが自信となって次への意欲につながるようにしていく。

　この時期になると、みんながすることは自分もやってみようとする姿勢もできてくるので、七夕飾り作りなどの行事を通して糊の使い方を伝えたり、簡単な製作遊び（例えば、焼きそば作りなど）を通してハサミの安全な使い方も伝えたりしていく。

> Aちゃんできたね。がんばったね！
>
> わたしもやってみようかな…

2　遊びの中で自分の気持ちを出しながら友達の言葉や動きに気付いていく時期

■ **遊びが活発になる時期（9月～12月）**
　夏休み明けの不安定な時期もあるが，ほとんどの子どもは園生活に慣れてきて，一人一人の興味関心が広がり自分なりにやってみようとする構えや頑張ろうとする気持が見られるようになる。

● **遊びへの取り組み**
　遊び環境の設定があることで，以前に経験した遊びを思い出して遊び始める子どもや夏休みの経験をキャンプごっこなどで再現しようするなど，好きな遊びに自分たちの生活やアニメのイメージを取り入れて遊ぶようになる。，遊びの中でイメージ豊かに遊びを進めていく姿もみられ，遊びに参加しながらイメージが実現するための環境や素材を工夫するなど援助の工夫が求められる。

● **人とのかかわり**
　気に入った子と一緒に遊びたいという気持ちが強くなり，友達を取り合うこともある。また，自分の思いを調節できずトラブルになるなど，自分の思いを言葉に出して表現しにくい子どももいるため個別の援助が必要な場面も多くなる。友達とのかかわりも増えるとともにトラブルも多くなる。自分の気持ちを言葉で伝えることや，相手の気持ちに気付くよう保育者の仲立ちが必要になってくる。

● **学級活動**
　クラスのみんながする課題を受け止めるようになり，自分なりにやってみようとする気持ちが育ってくる。運動遊びなどが活発になり年長児の影響も受けやってみようとするチャレンジ精神も芽生えてくる。また，全身運動が活発になりいろいろな運動をすることを喜び，体を思いっきり動かして遊ぶことを楽しめるようになり，転びやすかった子も，追いかけっこなどで逃げられるようになってくる。身の回りの自然物や素材への興味をもちかかわったり試したりするようになる。

● **生活への取り組み**
　自分たちの身の回りのことはほぼ身に付いて習慣化してきているが，夏休み明けなど長期の休みの後は，園生活のリズムや習慣を忘れる幼児もでてくる。繰り返しの確認が求められる。生き物への関心も高まり虫や小動物などをクラスで世話をすることも多くなる。命にかかわることは日々忘れず継続できるよう心がけていく。

1 遊びの環境の構成と援助

　自分の好きな遊びのイメージに合わせて，いろいろな素材を使うようになるので，好きな遊びが楽しめるようにいろいろな素材を用意する。例えば，地域のお祭りを見てきて，おみこしを作ったり，綿飴屋を始めたりすることを想定し，段ボール箱と担ぐ棒，綿飴に見立てやすい京華紙と割ばし，小さめのビニール袋など，それらしくできそうな素材を出していく。また，虫かごを作れるような空き箱・空き容器・リボン・ひもなど，イメージ実現のために使えそうな材料を出し，保育者も一緒に遊びに加わり，使い方や作り方も知らせながら，遊びの楽しさが一層味わえるようにしていく。

❶　気の合う友達との遊びの場が作れるように

　一緒に遊びたいと思う友達とダンボール箱や中型積み木を組み合わせ遊びの場を作る姿が見られるので，子どもの発想を尊重しながら一緒に作り方を考えたり，場作りに必要なものを用意したりし，気候の良い時は戸外にゴザを出しておうちごっこをしたり，お店ごっこなどもできるようにしていく。

❷　虫捕りや木の実拾いなど，自然探索のできる環境を用意する

　周囲への関心が広がり行動範囲も広くなると，秋の自然に親しみ，繰り返しいろいろな虫を集めたり，木の実や石など気に入ったものを集めたりして楽しむ姿も見られる。虫捕り網や虫かごを用意する他，自分たちでも簡単に作れるように空き箱や牛乳パックで作る虫籠の作り方なども知らせ，友達と一緒に自由に探索を楽しむ遊びも大切にしていく。落ち葉やいろいろな種を集めそれを分類できるよう，容器に種の絵と名前を付けて分類できるようなものを観察コーナーに作っておく。

❸　運動遊びが楽しめる用具を準備しておく

　体の動きも活発になり，運動会を経験する時期であるが，玉入れや，くぐるトンネル，飛び越すゴム段など，運動会の練習だけではなく好きな遊びの時間にも進んで取り組めるよう園庭に準備をし，いつでも使えるよう設定しておく。

よーいどん！
こんどはがんばる！

● この時期の援助のポイント

- 遊びが活発になってくると自己主張のぶつかり合いが増え，場所や遊具の取り合いになって，遊びが続かなくなることがある。順番に使う，分けあう，貸してあげる，貸してもらうなど，安全な使い方の確認もしながら，保育者が仲立ちとなって，遊び方の約束やルールを身に付

けられるよう援助していく。
- 友達の面白そうな動きを取り入れて同じ動きをすることで遊びを楽しむ幼児もいるが、遊びのイメージはあるものの遊び方がまだぎこちなくうまく遊びの楽しさを味わえない子もいるため、保育者がともに参加しながら、<u>一人一人のつぶやきに耳を傾け、応答的な援助</u>をしていくことで遊びの楽しさが味わえるようにしていく。それぞれの幼児の遊びの楽しさに共感しながら、きめ細かな援助や言葉掛けが必要となる。
- 遊びのイメージが実現しやすい物作りのヒントを与え、そのものらしい動きが遊びの中で生まれるように援助していく。そのことで子ども同士の言葉のやり取りが活発になりコミュニケーションの力も育っていく。

へーい！いらっしゃい、いらっしゃい。焼きたてのお煎餅だよ。

- 白い紙テープはうどん。黄色い紙テープはラーメン。
- 鍋は銀色のボール紙で、担任が作っている。お玉・ざる・ボールなど、物があることによって動きが引き出される。子どものイメージに沿って担任もアイディアを出している。

1 生活習慣の形成に向けての援助
❶ 安全な遊具の使い方や遊び方を知らせていく
- 遊びながら約束やルールを知らせ、積み木、巧技台の<u>運び方</u>やブランコなどの順番、安全な待つ位置、戸外の固定遊具、三輪車の<u>使い方</u>など<u>活動範囲の広がりとともに再確認していく</u>。
  また、危険な場所に行かない等の約束も改めて知らせる必要も出てくる。園舎の裏や物置の中など普段行かないようなところに行ってみるなど冒険したくなる無鉄砲な時期でもあり、その都度安全な遊び方について、確認しながら約束を守れるようにしていく。
- ハサミやホッチキスなど遊びの中で使うことも増えていくため、思わぬ怪我につながらないよう、扱い方についてきめ細かく知らせていき、<u>安全な置き場所や片付け場所</u>などクラスのみんなが共通にわかるようにしていく。

❷ 友達と一緒に片付けられるように

　いろいろな遊びのイメージを出しながら自分たちの場を作って遊ぶようになると積み木や巧技台等遊具を多く出すようになり，片付けが大変になることがある。遊びに使った場所は細かいものから先に片付け，また続きの遊びができるように作ったものなどを丁寧に扱い，積み木など大きいものは脱いでいた上履き(うわば)をはいてから友達と一緒に持つようになど，安全な片付けの手順も知らせながら友達と一緒に協力して片付けることができるようにしていく。自分たちで片付け，「きれいになって気持ちがよかった」という心地よい感覚が，また次の日への意欲にもつながっていく。

2　学級活動の場面の援助

❶ 好きな遊びから学級活動へ

　ある子どもが遠足の次の日に見てきたものを絵に描いたり作ったりするとそれを見ていた子も同じように作りたいということから，次々と広がりクラス全体の活動になるという場合がある。好きな遊びの中で空き箱や画用紙を使って動物を作り出す子がいた場合，動物園の柵(さく)のような場を設けてそこに作品を置くようにすることで，保育室の中にミニ動物園ができてくる。また，野菜のスタンプ遊びや合わせ絵なども子どもの興味関心を受け止め，イメージに合った様々な表現を楽しめるような材料を用意し，場の構成を工夫していくことで，クラスのみんなが経験する活動へとなっていく。友達の真似(まね)をして同じようにやってみようとすることから表現の幅が広がっていくこともある。

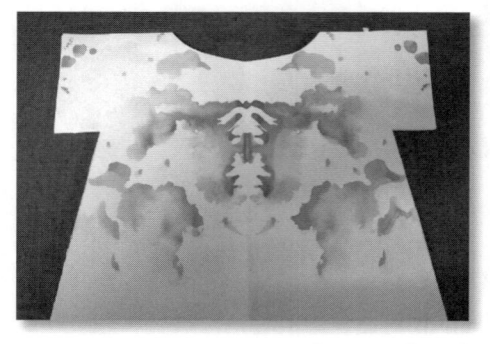

- シャツの形の画用紙を用意しておき、合わせ絵をするとシャツの模様のようになる。
- 何度もできるように、多めに紙を用意しておく。
- 絵の具は濃くしすぎず混色の面白さが味わえるような2, 3色を用意する

❷ みんなで体を動かす遊びを楽しめるように

　好きな遊びの中で玉入れやかけっこなどを楽しめる環境を作っておくことで，クラスみんなの活動の場面で，緊張せずに取り組みやすくなる。好きな遊びの時間に興味のある子から簡単なルールのある遊びに取り組み遊び始めることで，クラスみんなで行う時にルールが浸透(しんとう)しやすくなってくる。この時期の運動遊びは，ルールの説明が長くて興味を逸(いっ)して

しまうよりは，遊びながら次第にわかっていくようにすることが大切である。また，相手の動きに対して動くことができるようになり，クラスみんなで行った鬼ごっこのルールが分かったことで，好きな遊びの時間にも取り組むことができ，クラスみんなで行った活動が遊びの幅を広げ，遊びの豊かさにもつながるきっかけとなっていく。

❸ 一斉活動を楽しめるように

運動会に向けての旗作りをする活動などは，丁寧な導入をし，イメージを膨(ふく)らませて一斉活動として取り組んだ方が，やりたい子だけが作るという活動よりもクラスのみんなの気持ちが向きやすい。個々に自由に取り組む方がよいものと一斉の時間に取り組んだ方が子どもにとってより楽しくなるものとを見極めて保育を構想していくことが大切になる。

また，友達と一緒に声や音が揃う楽しさを感じられるようになってくるため，みんなで楽器を打つことでクラスの一体感を感じ，交互奏や交互唱，掛け声のある歌，声を揃えて繰り返す劇遊びなど，クラスのみんなですると楽しいという活動や教材の選択が大切になってくる。

季節や行事に合わせて，製作するものも，子どもの表現の幅を広げる教材となるよう今まで経験してきた技能にあったものを選択し，無理に大人が手伝うことで見栄えが良くなるものを目指さず，子ども自身の工夫や表現の楽しさを楽しめるようにしていく。みんな同じ出来上がりにこだわることなく個性を認める温かな言葉掛けが意欲や自信につながっていくことを心にとめて保育することが大切である。

季節ごとの自然とのかかわりも大切にし，収穫を味わったりできるよう畑作りなどの栽培環境も計画的に作っておく。

3人で力を合わせてサトイモ掘り

トットロ，トットロ！

収穫後サトイモの葉を傘のようにしてトトロの歌を歌って楽しんでいる

3　友達とのかかわりの中で自分を出したり相手を受け止めたりしていく時期

■ **遊びが充実しクラスのつながりを感じるようになる時期（1月～3月）**
　一段と言葉もはっきりとし体も成長も感じられ，新しい活動にも進んで取り組み意欲的に登園する時期である。

● **遊びへの取り組み**
　遊びの中でも自分たちでできることが多くなってきて，試したり工夫したりして遊ぶようになり，年長になる自覚が高まってくる。気に入った友達，3人～4人くらいで遊ぶことが多くなり，仲の良い友達とのつながりを深め，遊びの中でいろいろなイメージを膨らませたり，友達の気持ちに気付き相手に自分の考えも伝えたりしながら遊びを進められるようになってくる。

● **人とのかかわり**
　自分の思いを言葉で表現できるようになり，友達の思いにも気付ける様になってくるが，ときにはうまく伝わらずにトラブルになったりすることもある。しかし保育者に助けを求めるよりは自分たちで解決しようとする姿が見られるようになってくる。自己主張のぶつかり合いの中で，我慢することもできるようになり，「じゃあこうしよう」と違う方法を見出すことのできる子も出てきて，もうすぐ年長になるという自覚も表れてくる。

● **学級活動**
　体の動きも一段と機敏になり，ルールのある運動遊びやクラスみんなでする室内ゲームやフォークダンスなどを楽しむようになる。鬼のお面作りやひな人形作りなど行事を通して製作への意欲を高め，様々な表現素材との出会いを増やしていくと，ちょっと難しいことにも取り組もうとする意欲が高まってくる。しかしまだ手先の器用さには個人差がある。
　クラスみんなで取り組む劇遊びや合奏の楽しさを味わい自分たちで演じることは楽しめるようになる。しかし，まだ中には大勢の人に見せる意識をもちにくく表現に自信をもてない子もいる。

● **生活への取り組み**
　冬の生活の仕方に慣れてくるが，うがいや手洗いなど寒いために，おろそかになる子もいる。年長児から当番の引き継ぎや誕生会の司会の引き継ぎなどを行う中で次第に年長になることへの期待をもつようになり，当番活動などにも積極的に行うようになってくる。

■ 遊びの環境構成と援助

❶ 繰り返し試したり工夫したりできる教材の提示

遊びの中でこうしてみようという目当てをもったり、目的に向かって取り組んだりする姿も出てくる時期であり、4歳児なりに簡単にできるコマや凧あげ、空き箱で作る車やドングリやビー玉を転がす迷路(めいろ)など、保育者の提案も入れながら子どもが遊びの中で試したり工夫したりすることの面白さを味わえるように環境を構成していく。

> 手づくりのビニール凧

❷ 2、3人の友達がイメージを交わしながら遊べる場を

自分たちの知っているお話やキャラクターものの主人公などになりきって遊ぶなど、遊びの中でのいろいろなイメージが豊かになってくる時期である。例えば、猫ごっこやウサギのケーキ屋さんごっこなど自分たちの発想で展開していく遊びなど多様な発想を生かせる環境構成の工夫が大切である。それらしくなれる、きれいな布やかぶり物、ダンスができるようなカセットテープなどを用意しておき、自分たちの遊びの展開に応じて気付いて使えるようにしておいたりその都度一緒に考えたりする。それぞれに場が確保できるように段ボール板や箱、衝立(ついたて)、など、中型積み木などに加えて使えるように準備するとともに、保育室等のコーナーの作り方や使い方など調整をしていく。

> レジ打ちも本物らしく作って……

❸ ストーリーのある遊びを楽しめるように

この時期になると自分の好きなお話のある場面を繰り返し楽しむ姿が見られることがある。例えば、白雪姫ごっこを毎日繰り返し、毒りんごを食べては倒れる場面を楽しむ子どもなどがいる。ストーリーに合った言葉を使うことや、なりきる楽しさを味わう姿が見られるようになる。そこで、毒りんごを作るのにふさわしい材料や魔法使いのおばあさんの黒いマント、りんごを入れるかごなどをままごと道具や製作コーナーの中から見つけ出し、作れるように環境を整えていく。自分たちで演じて遊ぶ楽しさが味わえるよう、<u>子どもから出てきているイメージを見極め</u>それに応じた物の提示や援助が<u>さりげなく</u>できるようにしていくことが大切である。

衝立：室内に置き，見通しをさえぎるのに用いたり，遊びの場を区切ったりするために使用する可動式の低い壁。

● この時期の援助のポイント

・学級の中での一人一人の存在が認められるような援助

3学期にもなると，誰は何が得意であるなどが徐々にわかってくる半面，「○○だから○ちゃんは入れない」というトラブルが出てくることもあり，保育者の一人一人の幼児への接し方が反映され，クラスカラーが出てくる。担任が困った子だと決めつけているとクラスの中でその子は排斥されることもある。

コマ回しや縄跳びなどが得意な子，運動の得意な子，製作の得意な子，発想の豊かな子，虫や図鑑に詳しい子，片付けが得意で几帳面な子など，保育者自身がいろいろな場面で一人一人の良さを言葉に出して認め，クラスの一員として位置付けられるように，子ども理解に努め丁寧な接し方をしていく必要がある。

・子どもの遊びの姿から子ども理解を深める

様々な遊びのイメージが豊かになってくる時期であることから，その中で何を楽しんでいるのかどのような人間関係なのかなどしっかりと見極めて環境の構成や心に寄り添う援助，イメージを膨らませる言葉掛けなどができるようにしていく。

❷ 生活習慣形成に向けての援助

❶ 冬の生活習慣の確認を

寒い季節になると，うがいや手洗い薄着の習慣など基本的な個人の生活習慣がどのくらい身に付いているかがインフルエンザ等感染性の病気の罹患率につながるため，日常の繰り返しの言葉掛けが大切である。寒さのために締め切りになりやすい保育室であるが，室内の換気や室温・湿度の保持など基本的な確認を担任が常に心掛けることが大切である。暖房のし過ぎはかえって風邪ひきの多いクラスになる可能性があるので室温調整には心掛ける必要がある。

また，咳をするときには口を手で覆うようにするなどのマナーを知らせたり，自分で鼻をかむことができない子には個別に教えたり自分でできる子には「もうすぐ年長だものね，自分でできるんだね」などと頑張っている姿を認め，ハンカチ，ティッシュペーパーを自分で持っている大切さや持ち物への責任感も次第に教えていく。

❷ 年長からの当番などの引き継ぎ

年長のしている動物当番などを見ながら自分たちの番が近付いていることを感じ自分たちでやってみようとする姿が見られる。しかし，引き継ぎ後も，まだ保育者が一緒に進めないとできないことの方が多いため，手伝いながら子どもだけの負担にならないよう，できたことをほめなが

ら当番活動を楽しんで行い，年長になる期待や意欲につながるようにしていく。動物当番は動物が小屋の掃除や餌の補給で喜んでいるという生き物の思いを感じ取れるような言葉掛けをし，単なる作業にしないよう命の大切さを伝える機会としていく。

❸ 学級活動の場面の援助

❶ 遊びの糧となる絵本やお話を

日常からいろいろな絵本やお話の読み聞かせは大切にしていくが，特にこの時期，自分の気に入ったところをイメージして遊ぶ姿が見られることから，なりきって遊ぶことができるお話などをクラスのみんなに読み聞かせすることで共通のイメージをもって遊べる土台作りにもなる。また，続き話に日々期待をもって聴(き)きながら<u>クラスのみんなで共感しあったり心情を共有し合ったりする体験</u>が，劇遊びやごっこ遊びにつながっていくようにしていく。例えば「ももいろのきりん」「あかずきん」「三匹のやぎのがらがらどん」などのような<u>ストーリー展開に魅力があり演じて遊ぶことを楽しめるお話の読み聞かせも大切である。</u>

❷ 一人一人が自己発揮できるような表現活動を

遊びの中で演じたりなりきったりして遊ぶことを楽しんだものを劇の発表会につなげていくと，子どもにとって無理のない取り組みになる。また，日常の子どもの遊びの中で使われている踊りの曲や得意技(とくいわざ)なども劇の中に取り入れ生かすことで，一人一人が自分を発揮する場のある劇となっていく。

演じて遊ぶことから発表会へ展開していく場合には，大勢の人に見せる意識の持ちにくい子もまだ多く，自信を持って大きな声を出せない子もいるため，一人一人の演ずる楽しさに共感するとともに日々新しい発見や表現の工夫の楽しさを味わえるよう担任が進め方の工夫をし，無理強(じ)いや強制的な練習にならないようにしていく。

担任がセリフを決め，ただ覚えさせて動かすという指導ではない劇遊びの進め方を工夫し，<u>一人一人が自己発揮できて喜びのあふれる表現遊びが，結果として劇の発表会へとつながっていくようにしたい</u>。そのためには，遊びの中で子どもが楽しんでいることの理解とそのものらしさにつながる援助を心掛け，クラスのみんなでの取り組みへ無理なくつなげ，「クラスのみんなで演じて遊ぶと楽しかったまたやろう」という子どもの気持ちを尊重しながら発表会へとまとめていく保育者の力量が求められる。

クラスのみんなでする活動として取り上げることが多い，鬼のお面作りやお雛様作り，収穫した大根の観察画などの表現活動では，<u>一人一人</u>

鬼は外！
福は内！

の子どもが自分らしさを発揮して表現の楽しさを味わえ，みんなと同じではないその子の表現を尊重し，その子らしさがクラスの中で認められるような援助をしていきたい。すなわち，1年間の経験の積み重ねがうまく取り入れられ，先行経験が生かされるような指導が大切である。

- 紙コップを土台として千代紙を着物に見立てて糊付けしている。
- 一人ひとり表情の違いがおもしろい。

ニンジンだってトントン切れるよ

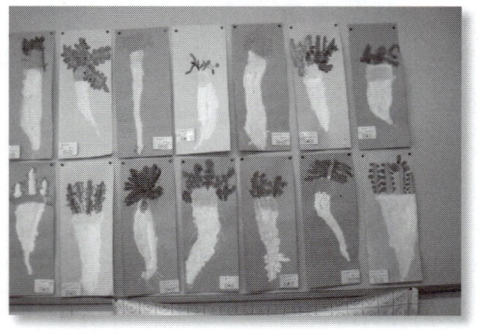

❸ みんなで一緒に取り組み満足感が味わえる経験の広がりを

　この時期になると挑戦欲求なども芽生え始め，いろいろな新しいことにも進んで取り組もうとする意欲が育ってくる。そこで，みんなで一緒に縄跳びやボールを使った段階的な指導を行うことで，苦手な子も縄やボールに触れ，挑戦してみるきっかけ作りになる。クラスのみんなで行う鬼ごっこや円形ドッチボールなどを通して運動をする機会を増やし，体を動かす楽しさが味わえるようにしていく。一斉活動で共通になったルールは好きな遊びの中でも生かされ，自発的に運動遊びができる要因として大切である。

　年長さんを送る会の豚汁作りで野菜を切ることを自分たちで行うなど，当番の引き継ぎとともに，包丁の使い方を少しずつ知らせ，ちょっと難しいことにも挑戦することで年長への期待をもてるようにしていく。

- 秋に種をまき，冬から春にかけて収穫する大根。
- 一人一本ずつ掘り出す経験をした。その後洗ってみると真っ白な大根が出てきたことに感動し，どの幼児の大根も白い。形にもこだわり，よく見て描く経験になっている。

3　5歳児の発達と援助の在り方

1　年長としての意識をもち友達と互いに思いを伝え合いながら遊びを進めていく時期（4月〜7月）

- **遊びへの取り組み**

  年長になった喜びから新しく使える場や物に興味をもってかかわったり，前年度に経験した遊びを繰り返したりしながら，次第に安定してくる。友達と一緒に遊びたい気持ちは高まるが，4，5月は自分たちで相談しようとしてもイメージや思いの行き違いで，トラブルになり遊びが持続しにくい傾向がある。6月くらいになると園生活の様子は一段と楽しそうになり，自分のイメージを自由に展開させながら遊びに取り組む姿も出てくる。

- **人とのかかわり**

  4歳児の時の仲良しの友達と遊ぶ子もいるが，新たな友達ができてきたり，力関係が変わったりするなど，友達関係は不安定になってくる。

  自己主張の強い子に従っている姿や，4歳児の時と違う子が自分を強く出すようになり以前強かった子が自分の出し方を変えようとするなど人間関係の不安定さによって遊びが深まりにくくなってくる。

- **学級活動**

  学級全体で行う活動や課題への取り組みや当番活動などへの意欲は4歳児の時に比べて高まってきており，自覚や意識をもって取り組むなど年長らしさが次第に身に付いてきている。中当てドッチボール・鬼ごっこやかけっこなどでも，頑張って勝とうとする姿が出てきて意欲的になってくる。年長らしさも出てくる時期でもある。

  友達への関心も高まり，協力する気持ちが次第に出てきているが，協力の仕方がよくわからないために，力を合わせると楽しいことができる経験がクラスのみんなでする活動の中で味わえるようでありたい。

- **生活への取り組み**

  園生活の中のいろいろな場面で，年少児へ分からないことを教えたり手伝ったりするなど，自信に満ちた姿や思いやりの姿も見られるようになってくる。

  生活の場が変わり，大型箱積み木などの新しい遊具の使い方などに戸惑いを感じている一方，年長になったという喜びで無鉄砲に動こ

うとする子もいる。保育者に促されて片付けをする子もいるが，あらかじめ片付けの時間を知らせておけば生活の仕方を自覚して動ける子も増えてくる。

1 遊びの環境構成と援助

❶ 興味を引き出し意欲的に，自分たちで遊びを作る楽しさを味わえるように

「年長になったら，大型積み木やホールで遊べる」など今までとは違った新しい環境で遊ぶことに期待をもっているが扱い方に慣れていない子も多く，安全指導も兼ねて扱い方を伝え，遊びの楽しさを広げていくようにする。

また，新しい遊びや，新しい表現方法などを提示するとやってみようとする意欲が高まってくる時期であり，4歳児の時より少し難しい折り紙，簡単な紙芝居作りや絵本作りなど，今までとは違う遊びのヒントを与えることで，自分でもやってみようとする意欲が引き出され自分たちの遊びとして広がっていく。

> これおまけです。
> お寿司食べたお客さんにさしあげます。

> 魚釣りしたい人。
> 順番です。
> 並んでください。

《水族館ごっこ》
- 水族館遠足の共通経験を自分たちの遊びのなかで再現している。
- 「餌づけショーがはじまりますよ。」と司会役になったA児。餌をあげるお兄さんになったB児……
  皆で作った魚や高足ガニ。透明ビニールシートを出して水槽のイメージを実現した担任のアイディア。

❷ 戸外でのびのびと遊べるように

年長になり体力も高まり，エネルギーの発散できる戸外遊びを充実する時期でもある。素足になって，ダイナミックな砂場遊びなど年長児だけでのびのびと大きな山を作る活動を通して「協力すると楽しいことができる」という協同遊びの喜びが味わえ，友達同士で相談する経験にもつながっていく。遊びの様子を見ながら保育者からイメージをもてるよ

うな言葉掛けをし，そのことがヒントとなって協同しながら遊びのイメージが広がっていくようにしていく。

❸ 個々の子どもが目的を持って取り組む遊びへ

年長としての意識や自信が高まり，登り棒や雲梯，鉄棒などに挑戦する姿が見られるようになる。一人一人の目標に向かう姿を応援しながら，頑張っている姿をクラスのみんなにも知らせ，友達からの刺激でやってみようとする気持ちを大切にしていく。

皆で作るとこんなに大きくなったよ。もっと大きくしなくちゃ！

泥団子作りや，香りのある葉っぱ集め，色水作りなど遊びの中で試行錯誤しながら目的をもって遊ぶ姿も大切にしていく。また，個々の遊びをクラスのみんなの遊びに取り入れたり，クラスのみんなで取り組んだことを好きな遊びの時間に追求して遊ぶなどの姿も見られるので，一人一人の興味・関心や目的意識の育ちなどを見ながら，タイミングを見て，援助したりヒントを与えたりしていく。

今度は，一段あかしがんばるぞ！

この泥団子，どこでこすると光るかな？

腕でこすると光るの知ってた？

年長になると製作遊びなどでは，作りながら試したり，仕組みの面白さを遊びの中で生かしたりできるような知的好奇心を高める遊びの提案が必要になってくる。ビー玉や使用済み電池などを使って転がす，目標に向かって当てる・投げる，ゴムの力を使って跳ねる・飛ばすなど，アイディアあふれる担任の提案を子ども自身の遊びとして工夫する楽しさを味わえるようにしていく。そのための環境構成の工夫や保育者自身の教材研究が求められる。

今度こそ遠くに飛ぶよ！

● この時期の援助のポイント

担任も子どもの遊びに参加しながら自分たちだけではうまく進めにくい遊びの流れ作りやアイディアを提供し，遊びの楽しさが味わえるようにしていく。

例えば，探検ごっこ，海賊ごっこ，忍者になって宝探しをする遊びなど，担任が子どもに新しい遊びへの興味がわくような仕掛人になることによって，子どもが遊びのイメージを広げていくようになる。友達と作戦を練る楽しさなどを味わいながら，<u>自分の思いを伝えたり相手の思いや考えを受け入れたりしながら遊びを進めていく面白さを味わえるようにする</u>援助が大切になる。

また，泥団子を作る時に試行錯誤する姿や知的好奇心を高める遊びに目的や課題を持って取り組む姿を支えていく。その中で個々の取り組みから友達同士が互いに刺激を受けながら遊べる関係作りへとつなげていくことも大切である。

❷ 生活習慣形成に向けての援助

❶ 新しい環境の使い方を確認していく

年長になって「年長さんだから」と言われることも増え，自信につながったり，プレッシャーを感じたりする子どもの気持ちを十分受け止めていく。

担任が変わったり，遊び環境や保育室，トイレの場所などが変わったりした時には改めて確認し，「年少さんに教えてあげなくては」という気持ちを引き出しながら，おろそかになりがちな手洗い後に手を拭くことやうがいの習慣などが身に付いているか，一人一人に目を向けることが大切である。

❷ 必要感を考えさせながら

「どうするとクラスのみんなのためになるか」「どうするときれいに片付くか，気持ち良くなるか」などを子どもたち自身に考えさせながら，生活習慣の確認をしていくことで，状況に応じた動きを主体的に考えるきっかけになっていく。年長になったことで使うようになった大型箱積み木や巧技台などの扱い方も大きい物は友達と一緒に運ぶという安全指導とともに協力の姿勢も伝えていく。

❸ 自分たちで分かって動ける表示を

片付け方や取り扱い方などをカードや図に表し，時計の表示を作って，「今日のお片付けの時間」をあらかじめ示すなどして，担任に教えてもらわなければできないということではなく，見通しを持って主体的に動くことや，自分で目で見て確認し，わかって行動できるようにすること

などを目指して，環境作りや声掛けの援助が必要になってくる。

❹　当番活動を自分たちの仕事として

前年度に引き継ぎをした飼育当番や，クラスの中の当番など，「今日は自分の番」など順番を意識して取り組めるようになるが，中にはまだ意識をもてず友達に誘われて当番活動に取り組むなど個人差が大きい時期でもある。一緒に声掛けしながら取り組めるよう当番の手順のカードを掲示するなどの工夫が大切である。特に飼育当番は手順が大切になるので共通理解しやすいように絵カードの表示は欠かせない。

❸　学級活動の場面の援助

年長になって，新しい環境に戸惑いを感じ，友達とうまく遊べず，自己主張が強くわがままな子や，友達関係のつまずきやトラブルで，好きな遊びの時間に楽しさを味わえない子もいる。この時期はクラスのみんなで取り組む一斉活動でのゲームやグループ製作などを通してグループでの取り組み方を知らせ，友達とかかわることの楽しさを感じられるようにしていくことが大切である。

❶　グループでの取り組みをクラスのみんなでする活動に取り入れて

4，5人で一つの大きなこいのぼりを作ったり，大きな紙に2人で絵の具を使って絵を描いたりする活動を担任から投げかけ，友達同士で相談する機会を作ることによって，自分だけではできないが協力するとできることがあることが分かっていく。簡単には話がまとまらないことがあり，相談したはずでも自分の思いで動いてしまう子がいるなどうまく

いかないことが多いが，徐々にまとめようとする子が出てきて，互いに自分や相手の動きに気付きながらグループ活動が可能になっていく。そのことが，好きな遊びの中で相談したり，トラブルを解決したりする力につながっていく。

例えば，5，6月の誕生会で大型紙芝居をグループで2場面ずつ作ることなど，担任がリードしながらもみんなでできた喜びが味わえ，課題を与えていくことで達成感につながり年長としての自信が持てるようになっていく。

また，遠足の時にグループで探検する課題を投げかけたり，身体表現やゲームなども数人で協力すればできるようなものを投げかけたりするなど様々な担任のアイディアや教材研究が必要になる。

❷ クラスのみんなで取り組む楽しさから経験の広がりを

どろけい，シッポとり，靴鬼などの鬼遊びを好きな遊びの中でもいろいろな子どもと遊べるよう，クラスのみんなで取り組み，ルールの確認をしていくことも大切である。<u>好きな遊びの中で，友達関係でつまずく子も，ルールのある遊びでは楽しく遊ぶ姿が見られる。また，ルールに従って遊び，人間関係に関係なく遊びが進んでいくことで，力関係の調整にもなり，いろいろな新しい友達と出会うきっかけ作りにもなる。</u>このように，いろいろな動きを伴うゲームやフォークダンスなども取り入れ，好きな遊びだけではなくクラスのみんなでする活動を通して一日の幼稚園生活にメリハリがもてるようにしていく。

> 靴鬼って面白いね。いれて！

> 2クラスでルールを共通にしておくことで，いつでも2クラスの子どもたちが一緒に遊べるようになる。

❸ 試したり工夫したりする知的好奇心を

好きな遊びの中でも展開できるが学級のみんなも経験できるように，色水遊びや，水路作り，使用済み電池で斜面を動く空き箱の車作りなど，繰り返し遊びながら知的好奇心を高めていく遊びができるように環

境構成をしていく。色水遊びにおいても4歳児のころに行ってきた絵の具やクレープ紙ではなく，香りのある葉っぱや，花びらなど，何色ができるか試しながら色水を作っていける素材を提供していく。また，すりこぎや茶こしなどの新たな道具を水遊び用具として加えることによって，より年長児らしい遊びの展開ができる。

　どの子にも試行錯誤する楽しさを味わえるように，グループごとに材料や道具を提示して一斉活動を行うことも大切である。

- 空き箱で作った車両に使用済み電池をつけて，斜面を滑らせる遊び。
- 動くおもちゃ作りへのヒントとして担任の提示した電池に興味を持って，電池の数を多くしたり減らしたりしながら試しながら遊んでいる。

❹　クラスの中での個々の挑戦を

　プール遊びなどでは，クラスのみんなで取り組みながらも個人差に配慮し，個々の子どもが友達の刺激を受けながら挑戦していく姿を応援し，自己有用感(ゆうようかん)をもてるようにしていく。一人一人の頑張りをみんなのものとしながら互いに切磋琢磨(せっさたくま)する姿を大切にし，年長児としての自信につなげていく。

❺　季節を生かした自然とのかかわりを

　春には苗を植え，収穫(しゅうかく)してみんなで一緒に食べることで本物に出会う経験をすることができる。種や苗が生長し花が咲き，実がなって収穫に至るプロセスを日々水やりなどの世話をしながら様々な発見ができる環境作りが大切である。

あっ！大きいのができてる！
ソラマメの花はきれいだったよね

2　一人一人が力を発揮し共通の目的に向かって協力し充実感や満足感を味わう時期（9月～12月）

秋になってくると一段と体力もついてきて，自発的に活発に遊ぶようになり，意欲的な姿が様々な場面で見られるようになる。

● **遊びへの取り組み**

力いっぱい体を動かすことや自分なりの課題をもって頑張ろうとする気持ちが高まって意欲的に遊ぶ姿が多く見られるようになる。生活経験も広がり，自然への関心や仕組みなどへの好奇心など知的好奇心や探究心（たんきゅうしん）が一層高まり，思ったことや感じたことを表現する意欲やイメージを実現する喜びを味わうなど，遊び込む姿も見られるようになる。自然環境の変化を生活や遊びの中に取り入れたり，自然事象に感動したりすることで豊かな心がはぐくまれる時期である。

● **人とのかかわり**

クラスの子どもたちがそれぞれの良さに気付き，「○○ちゃんはかけっこが速い」「○○ちゃんは声が大きい」など運動会などの係の仕事を通して，一緒に取り組む仲間という意識が芽生えてくる時期である。単なる仲良しというよりは目的を共有することで仲間としての協力やチーム意識をもって取り組めるようになってくる。しかし，互いの思いの行き違いや，気持ちが揃わないことへのいら立ちを調整する力は未熟なため，トラブルやけんかになったりすることがある。

● **学級活動・プロジェクト活動**

運動会や遠足，遊園地ごっこなど，協同的な取り組みもできるようになり，遊びや行事に見通しをもって進めていく保育が求められる。自分の得意なことや良さに気付くとともに友達に認められた嬉しさを感じて，自分の力を十分発揮していくようになる。一人一人の子どもの育ちを見逃さず，クラスの中での子ども同士のつながりが深まるようにしていきたい。

● **生活への取り組み**

カレンダー，スケジュール表などがあるとそれを見ながら，生活や行事への取り組みに見通しをもって1日や1週間を過ごすことができるようになってくる。協同的な活動の中で使う新たな用具の安全指導も必要である。

❶ 遊びの環境構成と援助

❶ 遊びの中で自分の課題や目的に向かって挑戦できるように

　いろいろな動きが可能になる時期であり，固定遊具や鉄棒，一輪車，縄跳び，リレーなどより難しいことに挑戦するようになり，<u>友達に刺激を受けて自分も頑張る姿が一層多くみられるようになる。そこで，自分なりの目標や目的がもてるような遊具や場を整え，取り組むきっかけを作り，繰り返しできるようにしていく</u>。一人でも取り組む姿を大切にし，興味をもっていることに何度も繰り返し取り組む姿を認めていく。頑張って取り組んだことに共感し，認めながら他の子にも伝えることで子ども同士が切磋琢磨していくきっかけを作ることになる。運動能力などまだ個人差があるため全員が二重跳びをするとか全員に跳び箱の6段を跳ばせるなど強制的な励ましは子どもの主体性を育む観点からも望ましいことではない。あくまで子ども自身の自信につながるよう他人からの評価を気にせずに，自己有用感がもてるような個々への励まし（はげ）が望ましい。

　空き箱や様々な素材を使って自分なりに本物らしく作り，イメージを実現したい気持ちが高まってくるため，繰り返し工夫したり考えたりできる環境作りやヒントの出し方が大切である。

　コマ回しや縄跳びなど一人一人が目標をもって挑戦する遊びも意欲的になってくるが，周りの評価も気になりだす時期である。個人差を考慮しながら苦手意識をもたせないようさりげなく具体的な方法を段階的に知らせていくなど丁寧な指導が大切である。

❷ 友達とイメージをもって発想豊かに遊べるように

　「あれやろうか」「そうだこうしよう」などという遊びの中での目的やイメージのやり取りを大切にしながら，保育者も仲間として遊びに参加し，子どもたちの困っているところにつきあいながら，友達同士でイメージを伝え合えるよう，友達同士の思いがスムーズに通じ合えるパイプ役として手助けをしていく。

　一人のイメージだけで進んでいないか，みんなの思いを確かめ，場の作り方や必要とする遊具や用具，作るものなどを一緒に考えながら子ども自身が展開していけるように支えていく。例えば，「お化け屋敷を作りたい」というイメージに寄り添いながら，できるだけ子どものイメージを実現するためにふさわしい材料を選びやすいように用意し提示していく。

　子ども自身で遊びが進められるようにタイミングの良いより本物らしさを実現するための教材や材料の提示などのアドバイスが大切である。

　また，遊びの場や遊具の使い方，友達関係などでトラブルが起きた時

には，互いの思いを伝え合い気付かせるように仲立ちしながら，できるだけ子ども同士で納得して解決していけるようにしていく。

❸ 遊びのルールを自分たちで決めていけるように

「サッカーのゴールはここまではいいことにしよう」「5点入ったほうが勝ちにしない？」「ここは鮫(さめ)がいるから捕まるところね，こっちは捕まらない安全地帯だよね」など遊びながら自分たちで新たなルールを考え，発展させていくことがある。子ども同士の相談や発想を大切にしながら，共通理解して進んでいるか確認し，より楽しくなるためのヒントやアイディアを出していく。

リレーのラインやバトン，ゼッケンなどを使いやすく準備しておくことで，自分たちだけでリレーを楽しむことができる。特に運動会後にはチーム意識が高まり，走力もついてきて進んでリレーに取り組むようになる。担任も仲間に入り「先生の入ったチームとどっちが速いか競走しよう」という子も出てきて，意欲が高まり自信をもって取り組むようになる。このほか，ドッチボールのコート，サッカーのコート，鬼ごっこの陣地など運動遊びに向けての環境構成が遊びを主体的に展開できるためには必要である。その際園庭の使い方を他学年と相談し，動線がぶつからないような安全な配置を考える必要がある。

❷ 生活習慣形成に向けての援助

❶ 遊具・用具の安全な扱い方を再確認する

- 室内鉄棒やマット，巧技台，戸外のサッカーゴールなど自分たちで用意して運んだりすることが増えていくので，安全な扱い方，持ち方を知らせ，友達に声をかけ協力して準備したり片付けたりできるように指導していく。
- 目うち，段ボールカッターなど遊園地ごっこやお店ごっこ，展覧会など，みんなで取り組むダイナミックな活動の中で使う機会が出てくる。グループや個々の子どもが使う道具の扱い方や片付け方は，安全に配慮できるよう徹底していくことが大切である。

❷ 健康・安全な生活を考えさせながら

季節の変化や気候の変動で，寒暖の差が激しい日が出てくる時期であるため，うがい，手洗いなど，伝染病の予防の基本を改めて知らせ，生活リズムの大切さや，丈夫な体つくりを意識させていく。

日常生活の遊びが楽しくなると生活面に乱れが出てきたり，いい加減に済ませて早く遊ぼうとする幼児が出てくる。朝の身支度，帰りの身支度やお弁当箱の片付け，テーブル拭きの後始末など準備より終わり方が乱れてくる傾向にあるためこの時期特に片付け，身支度，クラスの決まり，椅子の持ち運び方など，安全にかかわることも再確認することが大切である。

❸ 学級活動の場面・プロジェクト型保育の援助

❶ 運動会に向けて

この時期になると運動会への取り組みや遊園地ごっこなど，学年や園全体での役割を持って取り組むことが多くなってくる。話し合いでテーマやネーミングを決めたり，子どもたちからもアイディアを出させたりし，みんなで相談しながら一緒に進めていく楽しさが味わえるようにしていく。

昨年度のビデオなどを通して昨年の年長さんの取り組みを思い出したり話し合ったりする機会を設け，年長としての取り組みについて意識を高め，見通しをもって取り組めるようにしていく。「自分が今何をするのか」「何の役割なのか」「誰と一緒に取り組むのか」など明確にし，グループで協力してやり遂げていけるよう共通の目的に向かって取り組める具体的な目標を示していく。

常に担任が指示を出すのではなく，2週間分くらいのカレンダーを作ったり，「今日の何時に何をするか」などスケジュールを分かりやすく示したりして，自分たちで見て分かって主体的に取り組めるような環境

の構成の工夫も大切である。

　また，途中経過をグループごとに発表しあうことなど，あと何日あるか確認しながら何ができていないか，どのように改善するかなどの途中の評価やフィードバックの話し合いを持つことも大切である。中にはなかなか気持ちが向かない子どももいるため個々にかかわり，その子の良さが発揮できるように援助することも大切である。また，困ったことをクラスの話し合いの場で発表する機会を設け，みんなの問題としていくことも必要である。また，<u>クラスの中の一員としての意識がもてているか一人一人の取り組みにも目を向け，きめ細かいアドバイスをしていく。</u>

❷　遊園地ごっこに向けて

> 設計図ではこんな感じだけど……

> ここのところは切るんだね

> 交代でやろうね

　運動会後の活動は自信にあふれ，より主体的な姿が見られるようになってくる。自分たちの遠足で体験してきたことを話し合いながら「きらきら遊園地」などネーミングを考えたりしていく。昨年度の年長の取組を思い出したり，友達のアイディアの面白さから刺激を受けてたりして自分たちの力で，楽しい遊園地を作り上げようという意欲がわいてくる。担任も共に活動に加わり，ときには相談相手として一緒に考えを出し合いながら，相談することや相手の意見を受け入れることなどを学べる機会とする。このような時期に<u>協同的な活動を取り入れ</u>，子どもからのアイディアを生かし，そのアイディア実現のためには大人も支えながら，<u>友達と力を合わせると大きなことができるという満足感が味わえるよう，一人一人の取り組みの姿に目を向けていくことが大切である。</u>

　この際，幼児の力にふさわしい内容を考慮し，高度になり過ぎないよう安全面にも配慮することも大切である。

第2章 3,4,5歳の発達と援助の在り方 75

お化け屋敷や迷路など、それぞれのグループごとの工夫が見られる。

|3| 園生活に見通しをもち，友達の良さを認め合いながら
遊びや生活を充実させていく時期（1月〜3月）

　そろそろ一年生になるという自覚がわいてきて，残り少なくなったた生活を一層楽しもうとする姿が見られるようになる。

● 遊びへの取り組み

　縄跳び，投げゴマ，一輪車など自分なりの課題をもって取り組む姿が多く見られるようになり，得意なことを友達の前でやって見せるなど，自分らしさを発揮するようになってくる。

　友達と5，6人で基地ごっこや，お城ごっこ等，様々な好きな遊びを自分たちで展開していく。それらがクラス全体の遊びに広がることもあり，他の友達の遊びと交流し合い，遊びに広がりや深まりが見られるようになる。園生活が楽しくて仕方がないという時期にもなってくる。ドッチボールなども自分たちだけでクラス対抗試合などすることができるようになり持続時間も長くなってくる。

● 人とのかかわり

　友達からの刺激も受け，互いの良さを感じるとともにクラスとしてのまとまりが感じられるようになってくる。

　トラブルも少なくなり，自分たちで話し合ったり問題を解決するにあたって，譲り合ったり自己調整しながら折衷案を見出すなど，楽しく遊ぶためには友達と折り合いをつけることで仲良くすることが大切であることが分かってくる。

● 学級活動

　クラスのみんなで発表会に向かうなか，課題をしっかり受け止め，みんなで作り上げていこうとする意欲が生まれてくる。協力することの楽しさや心地良さを積み上げてきていることから，取り組んだ満足感や達成感を味わえるようにもなってきている。

　もうすぐ1年生になるという自覚と期待から，少し落ち着かなくな

る半面，自然を遊びに取り入れたり，いろいろな遊びに取り組んだりして，自分の思いや感じたことを豊かに表現し合い，互いの成長を喜び認め合う姿が見られる。

また，声をそろえて歌う歌や言葉をそろえて言うなど，クラスとしてのまとまりを感じながら取り組む姿が見られる。

● **生活への取り組み**

年長としての当番活動や誕生会の司会などを下の学年に引き継ぎ，丁寧に教える姿が見られる。お世話になった人への感謝の気持ちなどに気付かせることによって，園の様々な人に言葉で伝える姿も見られるようになる。

中には，もうすぐ園生活が終わりに近付いていることから落ち着きをなくし，靴のかかとを踏んだり鞄の持ち方や服装が乱れたりする子も出てくる。

1 遊びの環境構成と援助

❶ 遊びの中で文字や数に関心を持てるような環境を

正月遊びのかるた，すごろく，トランプなどをすぐできるように用意しておくことで，遊びながら文字や数に興味をもち，楽しみながら数量の比較などをする機会となるようにしていく。学校ごっこなどを好んですることがあり，数や文字を書きたがることも増えてくる。製作コーナーに紙や鉛筆を用意し，使いたいときに使えるようにしておくと同時に，文字の筆順など気付いた時に自分で間違いを正せるよう「あいうえおや数字の筆順表」を掲示するなどのきめ細かさも大切である。ドッチボールなどもラインを引いておくだけではなく，点数表示板などを用意し，数量の比較とともに勝敗が公正に表示されるような環境も大切である。

❷ グループ間の交流が生まれ，友達との遊びを広げていけるよう

残り少なくなった園生活を楽しく過ごせるように自分たちで好きな遊びを思う存分展開できるような時間の確保が大切である。比較的課題の多くなる時期であるが，5，6人のグループで友達とのつながりを楽しみながら話し合って遊びを展開していく姿やより細かなものを作って遊ぶことに熱中する姿を大切にしていく。例えば，忍者ごっこや，学校ごっことおうちごっこと猫のパン屋さんなどがつながって話の流れができていく遊びなど，自分たちで展開していくことを楽しんでいる姿が見られる。必要に応じてその都度遊びの目的に合った材料や身に付けるものを一緒に考えて探していく。また，遊びがそれぞれ関連し合ったり交流し合ったりして広がっていく楽しさを味わえるよう，場の使い方などの調整をしたりイメージの伝え合いを見守ったりしていく。

❸ 友達の感激や感動を共感し合えるように

　「コマ回しができた」「コマのお盆のっけができた」「ドッチボールで、遠くに投げられた。」「縄跳びで、二重回しができた」「鉄棒で連続技ができた」などそれぞれの目的に向かって実現した時の感動はまず担任に伝えたいものである。

　子どもの気持ちをくんで励ましたり、感動を共有したりすることで、周囲の幼児にもそれが伝わり、「○○ちゃんって、すごーい！」「私も頑張る！」と刺激を受けて目標となり、お互いに高め合おうとする動きになってくる。共感し励ますことが子ども同士の共感性を高め、つながりを深めるとともに、一人一人が自分に対する自信をもてるようになっていく。

　このように、子ども一人一人が何か一つでも自信をもてるよう、個人差に配慮しながら励まし、共感していくことが大切である。すなわち、年長のこの時期に自己肯定感をしっかりと育てておくことが小学校への接続期として大切である。

お別れ会で見せる得意技
綾跳びに二重跳び！

② 生活習慣形成に向けての援助

❶ 当番活動の引き継ぎ

　誕生会の司会や飼育動物の世話など、年長としての役割を次第に次の学年へ伝えていく時期になり、手順のカードを作ったり、絵で示したりしながら少しずつ引き継いでいけるようにする。年長らしく優しく教える姿を認め励ましながら、当番活動の役割の大切さや責任感などに気付かせていく。

❷ 乱れがちな服装や決まりの再確認を年長としての誇りにつなげて

　２月頃はなんとなく落ち着かなくなる時期であり、生活発表会などがあると担任は行事に向かうことに気持ちが向いて、日々の基本的な生活習慣は当然身に付いているものとして過ごしてしまうことが多い。子ど

もたちも気の緩みの出る時期であり，思わぬ怪我をすることもたまにある。最後まで年長としての誇りを持たせるようにし，上靴のかかとを踏んで歩くことなど，服装の乱れは気付いた時点で早めに改めるようにさせ，小さい組のお手本となれるよう励まし，年長としての誇りをもたせていく。

❸ 就学前期間の生活習慣の大切さ

この時期は，話し合いの時間もできるだけ椅子を使った生活をし，背筋を伸ばして話を聞けるよう，「気持ちの良い姿勢」に気付かせたり話をしている人の目を見て静かに聞くなど，「静かに聞く態度」にも気付かせ，静寂な時間の気持ちよさにも気付けるようにしていく。例えば，子どもたちの椅子の配置を変えてみたり，集まりの時の隊形を工夫してみたりすることも大切である。子ども自身が小学生生活に期待をもって生活態度の形成に心掛けていくようにすることが大切である。

寒さのために朝寝坊の子が出てくる時期でもあり，家庭と連絡を取り合いながら，就学に向けての生活リズムを整えるようにしていく。

❸ 学級活動の場面・プロジェクト型保育の援助

❶ クラスのみんなで取り組む鬼ごっこやドッチボール

「グー・チョキ・パー鬼」など三すくみ鬼ができる時期になってきている。ドッチボール同様自分たちだけでもできるようクラスのみんなでする活動として取り上げ，複数のクラスがある場合は他のクラスともルールを共通にしておき，繰り返しながらしだいにチームのメンバーで作戦を練って捕まえるなど，友達と協力する楽しさが味わえるようにしていく。

❷ 過程を大切にしながら見通しをもって作り上げていく発表会

クラスのみんなで取り組む課題として，発表会での劇的表現などの活動があげられる。

自分たちの知っている話のストーリーや遊びの中のイメージなどを取り入れながら題材や流れを決めていくようにする。発表会までのカレンダーを作り，衣装作りや背景，小道具作りなど，それぞれの役割を決めて見通しをもって取り組めるように計画していく。見栄えを強調しすぎて無理強いすることなく，自分たちでやり遂げたという満足感が味わえるように配慮していく。

担任のイメージを押し付けるのではなく，子どもとのやり取りの中で，細かな動きの工夫などがなされるようにしていく。担任のアイディアも入

はらぺこ青虫は，チョウになったネ！

れながら，より本物らしさを求める気もちを実現できるようにしていく。しかし半面，恥ずかしさも出てくることから発表会という行事への取り組みには，課題を乗り越える必要がある場合も多い。

　保護者や他の学年にも見せようという目標をもち意欲的に取り組めるように励ましていく。みんなで頑張ろうという気持ちや友達の分までカバーしようとする姿などを認め，一人一人が安心して自分らしさを出し，協力し合う姿勢を支え励まし，クラスのみんなで取り組んだ達成感が味わえるよう取り組みのプロセスの一つ一つを丁寧に援助していく。

❸　自分らしさを発揮できる学級活動へ

　鬼のお面作りや雛人形作り，卒業制作など課題活動の多くなる時期である。一人一人の課題にクラスのみんなで取り組むことで，自分らしさを発揮している友達の姿から刺激を受けて自分も工夫しようという意欲を育み，年長らしいより本物らしさが発揮できるようにしていく。この時期の製作は今まで積み重ねてきた経験を生かし，できるようになった技能や使ったことのある素材（紙・竹肥後・モール・クレープ紙・折り紙・千代紙など）を十分に生かすとともに，新しく布・毛糸や紙粘土やボンドなどを提示し経験の幅を広げることで，表現の可能性も広がっていく。

　本物の雛人形を見ながら，細部までこだわって作る姿もあり，個々の子どものそれぞれのペースで仕上げていく姿を大切にしながら，その子らしさが発揮できるようゆとりある取り組みにしたいものである。

　しかし，子ども自身のペースを尊重するとはいえ，課題に取り組む時間と友達と体を動かしてドッチボールをするなどの遊びの時間と両方のバランスを考え一日の保育の流れを考えていく必要がある。

　でき上がった作品は丁寧に扱い，みんながそれぞれの子の頑張りを見つけることができるような飾り方の工夫をする。また，一人一人の自信につながるよう具体的に認めることが大切である。

毛糸や色画用紙で作った僕だけのお面。素敵？

みんなが作ったお雛様本物みたいだね

第3章
質の高い保育の実践事例

1　体験のつながりを大切に

1　はじめに

　「遊びは最高の教育になる」本園の幼稚園紹介キャッチコピーである。子どもが子どもらしく存分に遊べる幼稚園生活をつくりたいという保育者の願いが込められている。子どもは自ら環境にかかわる自発的な活動としての「遊び」のなかで，発達に必要なさまざまな「体験」を得ていく。

　しかし，近年，子どもをとりまく環境の変化は激しく，子どもが日々の生活や遊びのなかで，人やものとつながり，かかわり合いながら発達に必要な体験を得ることは難しくなってきている。行事やイベントなど活動に追われ，保育は分断化されていく。活動や結果に目が向き，子どもと保育者が相互にかかわりあってつくり出す生活や遊びのプロセスは見えにくくなっている。こうした問題を解決するためには，分断化されていく保育を関連づけて見ることが必要である。

　幼稚園教育要領では，子どもの体験のつながりを考慮して保育を構想していくことの大切さが示されている。体験のつながりを大切にした保育とはどのような保育なのか。幼稚園教育要領では「体験の多様性と関連性」について，

「心が動かされた体験が次の活動を生み出すことを考慮し，一つ一つの体験が相互に結びつき，幼稚園生活が充実すること」とある。[①] 「体験の多様性と関連性」と言っても，それは保育者が次々と活動を提供することではない。体験するのは子ども自身であり，体験をつなぐのも子どもである。保育者には，子どもが遊びの中で何を体験しているのかを読み取ってかかわることが求められる。子どもと保育者が相互にかかわりあってつくり出す保育のプロセスに目を向けていくことが保育の質を高めることにつながっていくのではないか。

本項では，保育者は遊びのなかで子どもが体験していることの意味をどのように読み取っているのか，子どもの体験をつなぐ表現活動をどのように工夫しているかについて，事例を通して考えてみたい。[②]

2　子どもの体験を読み取ってかかわる

N保育者は，「特別な活動のなかに身を置くとだけが体験ではない。日々のなかに体験はある」「体験の読み取りと援助は不可分」[③] と述べている。N保育者の記録から，保育者は日々の遊びの中で子どもが体験していることをどのように読み取り，どのような援助をしているのかを考えてみたい。

事例3−①−①　　私のも食べて（3歳児6月）

小麦粉粘土で遊んでいたサコが，「先生，お団子できた。食べて」と保育者のところに丸めた粘土をもってきた。「おいしいね」と食べるふりをすると，それを見たマイコも「私のも食べて」とヘラで切った小麦粉粘土を皿にのせてもってきた。「おいしいね」と食べるふりをすると，マイコは笑って，再び粘土で遊び始めた。

サコは，小麦粉粘土を丸めたものを『おだんご』に見立て，保育者が美味しそうに食べるふりをすることを喜んでいた。それを見たマイコは，自分のものも保育者に食べてもらいたいと思ったのだろう。保育者とかかわり，認めてもらうことで安心しながら，小麦粉粘土の感触や手応え，見立てを繰り返し楽しんでいた。

子どもが差し出す粘土を受け取り「おいしいね」といって食べるふりをする保育者の援助は一見同じようにみえるけれども，子どもにとっての意味は異なる。サコにとっては，イメージを表現して遊ぶ楽しさを受け止めてもらう体験となっている。マイコにとっては，一人で過ごす不安を受けとめてもらい安心して遊び出す体験となっている。保育者は粘土を受け取りなが，その子の行為の背景にある「心」を受け取っている。保育者が受け取ったものは，「表現する喜び」であり，また「不安な気持ち」である。この保育者の援助によって，マイコは友達のすることを真似て遊ぶ楽しさを発見し，粘土を様々に扱って遊ぶようになり，主体的に環境にかかわるようになっていく。「心が動かされた体験が次の活動を生み出す」[4]　とは，このような心や体の動きの伴った状況のことをいうのではないだろうか。

3　表現を通して体験がつながる

　体験は表現を通して他者と共有され，次の体験につながる。子どもが思わず表現したくなるような体験とどう出会えるのか，表現することによって体験はどのようにつながっていくのか，5歳児の事例を通して考えてみたい。

事例3－①－②－(1)　思わず動き出す体（5歳児7月）

　夏季保育の時に，園の保育者と音楽を専攻する学生と，そして子どもたちもその場で参加して「どんぐりと山猫」[5]　のオペラを演じた。

　このオペラに参加して演じるという体験は，10月，散歩に行き，目の前の無数のドングリを見た時に，子どもの心にフィードバックされる。K保育者の10月の記録である。

事例3－①－②－(2)　♪いえいえ，だめです（5歳児10月）

　様々などんぐりを夢中になって集めている子どもたちから聞き覚えのある言葉が聞こえてきた。「いえいえだめです……大きいのがえらいんだよ……」少し違ってはいるが，明らかに7月のオペラのフレーズを口ずさんでいる。保育者はすかさず，「何を言っているんだ，こっちのほうがとがっていて，偉いにきまっている」と会話に加わってみた。する

と,「違うわよ,丸いのが偉いのよ」また別の子が「違うよ,このとげとげ（殻）の付いているのが偉いんだよ」と目の前でのどんぐりを使ってオペラでのやりとりが始まったのだ。

K保育者はこの時の様子を「7月の体験は子どもの中にとどまっていたのだ」「体験を表現している姿は一人一人異なるが，生き生きとしている。それぞれの子どもの表現のよさを生かしながら，この体験をクラスや学年の子どもたちで共通の体験にしていきたいと考えた。きっとこの子どもたちなら，自分たちの『どんぐりと山猫』の物語を作りだしていけるのではないかと感じた。」と述べている。そして，12月の子ども会では『どんぐりと山猫』を題材にした劇遊びを楽しむことはできないだろうかという願いをもって保育を構想していくようになった。K保育者は，「子どもたちが本当にドングリの気持ちになって，ドキドキしたりワクワクしたりして劇を楽しむには，もっとドングリを身近に感じることが大切だ」と述べ，日々の遊びや生活の中でドングリに親しむ体験や物語のイメージを表現する体験を重ねていけるように計画を立て，教材や環境の構成を工夫した。

事例3―①―②―(3)　　私の好きなドングリ（5歳児10月）

「自分が拾ってきたドングリの中から，自分が一番素敵，一番かっこいい，一番大好きなドングリを1つ見つけてごらん」「どうしてそのドングリが好きか，みんなにもわかるように絵に描いてみよう」そう投げかけると，子どもたちは自分が拾ってきたドングリの入った袋をじっくりと見てドングリを一つ一つ見比べながら選んでいた。

この後も子どもたちは，ドングリの遊園地を作ったり，ドングリでハンカチを染めてみたり，案山子（かかし）作りの材料に自然物を使ったりするなど，遊びや生活の中でドングリや自然物に触れて親しむ体験を重ねた。七夕の時に切り出した竹を使って作った楽器「トガトン」の音にも興味をもって遊ぶ姿も見られた。

事例3－①－②－(4)　　とんとんやってね（5歳児11月）

　保育者が1人でトガトンで遊んでいると，興味をもった子どもが集まってきた。それぞれに自分の気に入った竹を手に取り，思い思いにテラスに落として音を聞いている。自分の竹に耳を近づけ，音を確かめるように鳴らしている。しばらくすると互いに持っていた竹を交換して，違う音を確かめる子どもも出てきた。お互いが交互に落として遊ぶ子どもも出てきた。「僕がとんとんってやったら，とんとんやってね」などやりとりをしながら遊ぶ子どももいた。

　子どもたちは様々な表現方法を知り，それを使って遊ぶ体験を重ねていった。この後，竹を使った楽器を使って音楽隊ごっこが始まり，その音楽隊は後に12月の子ども会では「森の音楽隊」として劇遊びのBGMの役割を担うことにつながった。

　この頃，学級ではみんなでオペラの中のドングリの歌をよく歌っていた。K保育者は，「みんなでオペラの中のドングリの歌を歌えば，体が自然に動き出す状態になっていた」と言う。そこで，ドングリのいっぱい落ちている園庭で『どんぐりと山猫』の歌を楽しむ体験ができるように考えた。園庭のドングリの木の下で歌った時のK保育者の記録である。

事例3－①－②－(5)　　友達と一緒に楽しむ（5歳児11月）

　「♪裁判も，もう今日で，3日目だぞ」保育者がこのフレーズを歌うやいなや子どもたちは続きを歌い始めた。（中略）園庭中に子どもたちの声が響きわたり，そこはすでに物語の中のようだった。（中略）今までは一人一人が自分の好きな動きをしてどんぐりになりきっていたのだが，この日は友達と一緒にどんぐりを表現する子どもがいた。2人で手をつないで大きな輪をつくり，「まあるいどんぐり」。2人で向かい合い鏡のように同じ動きをしながら「とんがったどんぐり」。2人で互いに手のひらを左右交互に押し合いながら「押しっこの強いどんぐり」を表現していた。

この頃の子どもたちは，仲間と一緒に表現する喜びを体験しているようだ。この育ちをとらえて，保育者は「子ども会で，みんなで『どんぐりと山猫』の劇をしてはどうか」と提案する。子どもたちは張り切って，「遊戯室に森をつくろう」と新たなめあてを見出すようになっていく。そして以前にドングリで染めたハンカチを集めてドングリの木を作るなど，みんなで力を合わせて協同作業をすることも体験した。子ども会で「どんぐりと山猫」を演じるという共通のめあてをもった子どもたちは，めあてに向かって役割をもち友達と一緒に活動を創り出す体験をするようになっていく。K保育者の子ども会に向かう一場面の記録（一部抜粋）である。

> 事例3－①－②－(6)　　私たちは縄跳びが得意よ！（5歳児12月）
> 　森の雰囲気になってきた遊戯室に集まり，「どんぐりと山猫」の劇をしようと準備をした。保育者は，耳を付け，しっぽを付けた。子どもたちは「先生，山猫なんでしょ」とすぐに状況を感じ取り，保育者の設定した状況を受け入れることができた。（中略）そこには本当に自分を表現し主張し合う子どもたちがいたのだ。
>
> ▲ぼくたち，とんがったどんぐり　　▲まあるいどんぐり

　7月に「どんぐりと山猫」のオペラをみた体験は，表現する喜びを味わう体験につながり，12月の子ども会への取り組みではめあてに向かって役割をもって友達と一緒にやりとげる体験へとつながっていった。心が動かされた体験は様々に表現され，表現することを通して次の活動へとつながっている。保育者は子どもの表現を通して体験していることの意味を読み取ることができ，次の体験へとつながるような援助の可能性を見いだすことができる。

4　おわりに

　保育者には，子どもが心を動かす体験と出会うことができるように子どもの行動の理解と予想に基づいて教材研究を行うこと，発達の見通しをもって保育を計画していくことが求められる。教材を用意し活動を提供すればよいということではなく，子どもの心の動きを読み取り，子どもが体験したことを表現したくなるような状況をつくる保育者の援助が重要だ。この子どもと保育者の双方向性があってこそ，子どもにとって体験は意味をもつものとなる。

　保育は試行錯誤の連続である。読み解けないことのほうが多いが，体験の質を読み解こうとする保育者のありようが，質の高い保育につながるのではないだろうか。
　　　　　　　　　　　　　　　　　　　　　　　　　　　　　　（赤石）

① 「幼稚園教育要領解説」文部科学省　2008　p.207
② 事例は以下から抜粋
　　河邉貴子・赤石元子監修『今日から明日へつながる保育－体験の多様性・関連性をめざした保育の実践と理論』萌文書林，2009
③ 同上
④ 「幼稚園教育要領解説」文部科学省　2008　p.207
⑤ 子どもたちと読んだ絵本『どんぐりと山猫』
　　　宮沢賢治/作・本間ちひろ/絵　にっけん教育出版社
　　学生と演じたオペラ「どんぐりと山猫」
　　　オペラシアターこんにゃく座/作・宮沢賢治/原作・萩京子/作曲

2　幼児の歌や合奏の指導　／みんなで合わせる楽しさを／

1　幼児にとって音楽とは

　子どもは生まれる前から母親の胎内でいろいろな音を聞いている。そして生まれると，母親の優しく語りかける声や歌声など心地よい音と，そうでない音とを聞き分け，次第に心地よい音には心地よい表情や声で反応するようになってくる。成長とともに，様々な音に興味を持って声を出したりいろいろな所を叩いて出る音を楽しんだりするようになる。そしてやがて，言葉を話したり歌ったり好んで音の出る玩具を鳴らしたりするようになる。

　幼児にとって音楽とは何か。それは，内面に心地よく響き，自ら求めたくなる，音を主とした時間的産物である。心地よさは安定感をもたらし，意欲的に活動する原動力となる。そして自らが発する音に喜びを感じ，さらにかかわりたくなるという，よい循環を作っていく。このことは生活のすべてに共通することである。幼児が自ら選択し，取り組み，おもしろかったという満足感が次への意欲となり，繰り返すことにより感性を磨き，創造性を高め，技能を習得するという，幼児教育の基本となる営みのひとつである。

2　音遊び

　音があって楽しいから「音楽」。幼稚園・保育所等における音楽とのかかわりも，まずは音を楽しむことから始まる。そのためには「聞く」「聴く」ことがとても大切になる。日常ではともすれば気付かずに通り過ぎてしまうような音に敏感になれるといい。

❶　どんな音がするかな？
　　❶　しーんとすると聞こえる「音」は？

> **事例3 ―②―①**
> 　全員集まったところで，静かに目をつぶって何が聞こえるかよく聞いてみようと投げかける。
> - 幼児：「車の音」　保育者：「どんな音？」　幼児：「ぶーっ，ばんって」
> - 幼児：「年長さんの声」　保育者：「どっちから聞こえる？」
> 　　幼児：「2階から」「おーいだって，だれか呼んでるんじゃない？」
> - 幼児：「セミの声」保育者：「どんな声？」幼児：「みーんみーんって」
> - 幼児：「遠くで赤ちゃんが泣いてる」　保育者：「ほんとだ，よく聞こえたね。みんなも聞こえる？」幼児：「ほんとだ，ンギャーンギャーって。おなかすいたのかなあ」　等。

ここでは耳を澄ませるといろいろな音が聞こえることに気付かせ，音に集中することや，その音を声で表現することをねらっている。保育者は常に幼児の言葉を受容することが大切であり，また，音を声で表現することは言葉を用いたリズム遊び（後述④リズム遊び）に発展することを意識して指導する。

❷ 身の回りのいろいろな物を叩いてみよう

> **事例3－②－②**
> 木琴等の軽いマレットで保育室や廊下，園庭などで，叩くと音のするものを探し，「どんな音がしたかみんなに教えてね」と投げかける。注意として，叩いていいものかどうか考えること，そっと叩く（決して強く叩かない）ことなどを伝えておく。
> イスの足「カチカチ」，ブランコの柱「カーンカーン」，
> ベランダの床「コツコツ」，ままごとの皿「コンコン」，
> ままごとの布団「ボッボッ」 等。

ここでは，叩くものによって違う音がすることに気付かせることをねらっている。5分くらいで幼児を集め報告し合うことで，経験を広げていく。また，音を声で表現することについては❶同様である。

❸ 何の音？（音当て遊び）

> **事例3－②－③**
> 衝立の後ろに，鈴やトライアングルなどの小さい打楽器，積み木やブロック，鍋のふたやおたま，丈夫な茶碗などを準備し，幼児から見えないように叩き，何を叩いたか当てさせる。ひと通り聞かせ，意見を聞いてから，一度衝立の後ろを見せ，改めて繰り返す。❶－❷で幼児が見付けたものを使ったり，音を出す役を幼児にさせてもよい。

ここでは音に集中させることをねらっている。初めはなるべく質の違う音のするものを選んでわかりやすくし，幼児の満足感を高めるようにする。また，楽器についてはその特徴を知らせるよい機会となる。

❸ 長い・短い・強い・弱い（音の特徴を身体や絵で表現する）

事例3―②―④

カスタネットとトライアングルを用意する。幼児の好きな体操やダンスなどで身体を動かしてから集め，楽器の音を聴かせる。どんな音か，その特徴を声で表現させてから，「みんなで楽器の音になってみよう」と投げかける。広い場所に広がり，保育者が中央で楽器を鳴らす。初めは鳴らしながら保育者自身がモデルとなり動くことで幼児の動きを引き出す。カスタネットの短い音，トライアングルの長い音を交互に鳴らし，全身で表現させる。慣れてきたら，いろいろな鳴らし方で変化を付けたり，強弱を付けたり，楽器を変えたりして楽しませていく。

事例3―②―⑤

カスタネット，トライアングル，スズ，タンブリン，シンバルなど，音の特徴を生かせる楽器を用意する。幼児に楽器の音の特徴を声や身体で表現させた後，画用紙とクレパスを渡す。「音が絵になります」と言いながら楽器を鳴らしクレパスで自由に描くように促す。必要に応じて保育者が「カッカッカッ」と言いながら画用紙に点を描くなどして見せ，幼児が安心して表現できるようにする。楽器ごとに色を変えることや，同じ長い音でもトライアングルとシンバルとでは違う絵になるように助言していく。できたら何人か選び，絵の説明をさせる。「このピンクの長い線は何の楽器かな？」などと他児に当てさせるのもおもしろい。

ここでは音の特徴に気付かせることをねらいとする。音を声や身体や絵で表現することでそれぞれの楽器の音色を感じ，楽器に親しみをもてるように，保育者自身が楽しむ姿を見せていくことが大切である。

3　歌遊び・手遊び・歌

歌遊びや手遊びと歌は似た活動であるが，ねらいは異なる部分があるので，指導計画の上では意識して分けて考えることが必要である。

❶　わらべうた遊びや手遊び

全身でリズムを感じたり，言葉の面白さや友達とのかかわり合いを楽しむことをねらいとする。

❶　おてらのおしょうさん・なべなべ・おせんべいやけたかな　など

わらべうた遊びは，日本の伝統的な遊びで，隣り合った2音（ラソ　など）を中心に3音また4音の中で言葉を唱え，2人から数人でふれ合いながら楽しむことができる。赤ちゃんの初めての歌として母親との温かい信頼関係を育み，少しずつ世界を広げていく過程で最も優れた文化のひとつである。

4～5歳になれば，友達と速さを競ったり，替え歌にしたり，なわとび歌に使ったりしていつまでも楽しめるものである。

❷　ひげじいさん・小さな畑・やきいもグーチーパーなど

わらべうた遊びと分けているのは，音階の違いであり，合奏に発展させるときには使う音が異なるので，違いを意識しておく必要がある。一人でも二人でも，大勢でも楽しむことができ，替え歌など変化を付けて遊ぶのに適している。

❷　いろいろな歌

曲の雰囲気やメロディの美しさ，声の揃う心地よさなどを感じながら歌い楽しむことをねらいとする。

❶　優しい歌・楽しい歌・元気な歌

楽しく元気な曲に偏ることなく，いろいろな雰囲気の曲を歌うことで，様々な感情を体験することができ，感性を高めることができる。

❷　美しいメロディ・きれいな声

美しいメロディはきれいな声でなければ表現することができない。そのためには，怒鳴らないで歌えるように指導していく必要がある。「元気な声で」と言うと幼児は声を張り上げてしまうので適切ではない。元気でな

いと子どもらしくないという感覚は歌唱指導にはそぐわない。「大きな口を開けて歌おう」「友達の声を聞きながら歌おう」と働きかけることで自然に子どもらしいきれいなのびのびとした歌声になる。

❸ 高い音・低い音

音域はとても大切な選曲のポイントになる。いろいろな研究が行われているが，幼児期の音域はまだ狭く，それを超えた音は当然はずれてしまう。歌の楽しさを味わわせていくためには，歌える，合っている，という実感が大切である。音域に十分配慮して曲選びをした上で，音程に意識させていくことで幼児にも「音が合っている」という心地よさが感じられるようになる。

年長児では，概ね下の「シ」から上の「レ」までの音域が十分に歌えるように指導したい。

❹ みんなで歌う心地よさ

一人で歌うのもよいが，曲想を感じながらきれいな声が揃ってくると，大勢で歌うと気持ちよいという実感を幼児自身がもつことができる。

以上❶から❹のそれぞれの項目について，まわりの大人，保育者や保護者などの賞賛が幼児に喜びや自信を与え，さらに歌うことへの意欲を高めていくことは言うまでもない。日常生活の中でいろいろな機会を捉え，保護者や他学年の幼児に聞いてもらうことは一層の喜びとなる。

4 リズム遊び ／ボディパーカッション／

手拍子やひざ打ち，足鳴らし等を使って，いろいろなリズムを楽しむことができる。言葉のリズムを手拍子で表現する，手足を使ったリズム打ちを真似るなど，身体だけでいろいろな楽しみ方がある。毎日の生活の中に少しずつ取り入れることで，リズム感覚を養っていく。

❶ リズムのまねっこ

> 保育者と幼児が目が合うように座り，保育者の後に同じリズムを打つ。
> 《 おやつ編 》
> (保育者) バナナ　　　(幼児) バナナ　　　(保育者) チョコレート　　　(幼児) チョコレート
> 　　　　♩♩♩ 𝄽　｜　　　♩♩♩ 𝄽　｜　　　♪♪♩ 𝄽　｜　　　♪♪♩ 𝄽
>
> (保育者) クッキー　　　(幼児) クッキー　　　(保育者) ポテトチップス　　　(幼児) ポテトチップス
> 　　　　♩ ♩ 𝄽 𝄽　｜　　♩ ♩ 𝄽 𝄽　｜　　　♪♪♪♪♩　｜　　　♪♪♪♪♩

❷ リズムのサンドイッチ

> 丸くなって座り，全員のところはいつも同じリズム（パン）で，一人の即興リズム（具）をはさんで，一人ずつ順番に間をあけずに回していく。
> 《 お弁当編 》
> (全員) おべんとなあに　　(A児) ウインナー　(全員) おべんとなあに　　(B児) たまごやき
> 　　　♩♩♩♩♩♩ 𝄽　｜　　♪♪♪♩. 𝄽　｜　　♩♩♩♩♩♩ 𝄽　｜　　♪♪♪♪♩ 𝄽
>
> (全員) おべんとなあに　　(C児) か らあげ　(全員) おべんとなあに　　(D児) ハンバーグ
> 　　　♩♩♩♩♩♩ 𝄽　｜　　♩ ♪♪♩ 𝄽　｜　　♩♩♩♩♩♩ 𝄽　｜　　♪♪♩ ♩ 𝄽

慣れてきたら，幼児に交代で保育者役をさせたり，また，言葉を付けずにリズムだけで楽しんだりできるようになる。一人でリズムを打つ時の適度な緊張感が，できたという喜びを大きくする。

幼児がどんなリズムを打っても，あるいは長かったり短かったり，なかなか始めなかったりしても，そのまま待ち，受け入れ，ほめて，止めずに進めることが大切である。

5 楽 器 遊 び

「楽器遊び＝みんなで合奏」と考える前に，ふだんからいろいろな楽器に触れ，楽器で遊んでいることが，音色や鳴らし方などそれぞれの特徴を知り，楽器への親しみを深めていくことにつながる。

❶ 楽器コーナーの設置

保育室に楽器コーナーを設置し，そこへ行けばいつでもいろいろな楽器に触れたり，曲に合わせて鳴らしたりできるようにしておく。そうすることで幼児は音色を確認したり，いろいろな鳴らし方を楽しんだり，曲に合う打ち方を考えたりすることができる。

- ❶ 楽器の種類や置き方
  - カスタネット，スズ，タンブリン，トライアングル，など
  - テープレコーダーなどの機器
  - 親しんでいる歌や曲の入ったテープやCD

- ❷ 留意点

  - 保育室の一つのコーナーとして基本的に常に同じ場所に設定する。
  - 一斉指導で扱い方などを指導後，少しずつ楽器の種類を増やしていく。
  - 丁寧に扱う，同じところに片付けることなどの決まりを徹底する。
  - 音が出るコーナーなので，他の遊びとの兼ね合いを考え，必要に応じて少し離れた場所へ持ち出すなど工夫させる。

❷ 楽器コーナーでの保育者の役割

- ❶ 仲間として

  コーナーには興味のある幼児が自然に集まり自由にいろいろな楽器を鳴らしたり，曲を選んで合わせて打ったりする。保育者は扱い方の確認も兼ねて仲間に入り，時には他児を誘い入れたりしながら楽器遊びを自ら楽しんでいくことが大切である。

- ❷ モデルとして

  保育者は仲間として加わりながら，楽器の持ち方，いろいろな鳴らし方，いろいろなリズムパターンなど，幼児に経験してほしいことをさりげなくして見せながら，幼児の興味を引いたり，向上心を促して技能を高めたりする。

年長の２学期になると，このコーナー遊びを発展させ，合奏づくりをグループへの課題とすることができる。８小節くらいの短い曲を何曲か用意して，曲も楽器も打ち方も自分たちで相談しながら決めさせていく。練習の後，互いに聞き合い感想を言わせる。自分たちだけで考えた合奏ということが大きな喜び，自信になる。

　また，学級全体で合奏をする計画があるときは，コーナーを上手く使い，保育者の意図する編曲を，興味をもつ幼児から少しずつ無理なく指導することができる。

6　合　　奏

　ここでは，保育者の一斉指導のもとで，学級や学年全体，十数人から100人くらいで行う合奏について述べる。

　合奏の魅力は，合図に合わせて交代で奏でる面白さ，いろいろな音色が重なってできる新しい音の響きの面白さ，みんなで合わせることでの一体感などである。特にこの一体感は，一人一人がそれぞれ自分のパートを正しく演奏することで生まれる，大切な経験となる。

　そしてこれらの魅力を十分味わえるような指導が求められる。最も大切なのは編曲である。一人一人興味や能力が異なるなかで，それぞれが無理をせず，今より少し高度なレベルに挑戦し，音が揃うようになる喜びを感じられるように組み立てていく。そのために，幼児理解はとても重要である。

❶　選曲のポイント

　まず曲を選ぶ。幼児が意欲的に取り組むために，次のような点に配慮する。

- 季節や行事とのかかわり
- 幼児の実態（人数や経験，能力など）
- リズムがはっきりしていること
- 曲想の変化がわかりやすいこと

❷ 編成（楽器の種類や数）

年齢や経験によってさまざまであるが，めやすとして，

3歳児	2〜3種類	カスタネット・スズ・タンブリン
4歳児	4〜6種類	さらに，ウッドブロック・大太鼓・シンバル，トライアングルなど
5歳児	6〜8種類	さらに，木琴・鉄筋・ハンドベル・ボンゴ　など

楽器の種類が少ないと，今どの楽器の順番であるかがわかりやすく，満足感をもちやすい。多くなると2つの楽器が重なるなど音色も一通りでなくなり，難しくなるが，面白さは増してくる。年齢や経験に応じて，楽器の種類を増やしていくのがよい。

また，大きい音の出る楽器は少なく，小さい音の楽器は多くすることで，曲全体の音量のバランスを取るようにする。

木琴・鉄筋・ハンドベル・など音程のある楽器は，不協和音を作らないために，音を選ぶ必要がある。難しさがあると同時により達成感を味わうことができる。従って，年長児にはぜひ経験させていきたい。メロディを奏でるだけでなく，和音を響かせるなど編曲の工夫をすることで，誰でもできる楽器になる。

❸ 編　曲

ここでの編曲とは，楽器の組み合わせであり，幼児にとっては次のような方法で考えると，演奏しやすく満足感の高いものになる。

- 3・4歳児
  - 単純なリズムパターンを4〜8小節単位で楽器を変えて繰り返す。
  - 曲想の変わるところで，楽器の組み合わせを変える。
  - 楽器の種類はあまり重ねないようにする。
- 5歳児
  - 音程のある楽器（木琴・鉄筋・ハンドベル・ボンゴなど）も加える。
  - どの楽器もおもしろくなるように，部分的に変化のあるリズムを取り入れるなど工夫をする。

❹ 発表会などに向けて

合奏を特別な活動と考えず，日常的に学級全体で楽しんでいることで，幼児にとっても保育者にとっても合奏は"いつもの"活動になる。さらに，音

楽会などでの発表は，幼児にとって大きな満足感の得られるチャンスとなるので，無理なく進め学級全体のレベルアップを図りたい。そのために，次のようなことに配慮していく。

- **日常の環境構成・指導の積み重ね**
  - 保育室にいつも楽器コーナーがあり，適切な援助がなされていること。
  - 音遊び，歌遊び，手遊び，リズム遊びなどを毎日楽しみながら積み重ねていくこと。
  - 年間指導計画の中に，学級全体での合奏を毎月一１曲ずつ示し，定期的に位置付けるなどして，みんなで音を合わせる楽しさを経験させていく。

- **発表に向けての工夫・配慮点**
  - 役割分担は，全員がいろいろな楽器を経験してから決めるようにし，能力や意欲に十分配慮する。
  - 並び方は合図がわかりやすいように，一緒に打つ楽器ごとに順番にまとめる。
  - 互いに音をよく聞き，合わせようという気持ちが大事であることを知らせる。
  - 安心して自信をもってできるように，合図は常に早めに目で送るようにする。
  - 音がそろった心地よさが感じられるように助言していく。
  - 自分たちの演奏のビデオを見せ，達成感を高め，次への意欲につなげる。

7　おわりに

　幼児にとって無理のない工夫された指導計画と，共に楽しむ保育者の存在によって，幼児は意欲的に音楽的な活動に取り組むようになる。そして適切な環境と保育者の援助により，感性を磨き，創造性を高め，友達と音を合わせ心を合わせる喜びを味わってゆく。質の高い教育を提供する保育者の役割は重大である。

（井口）

3　協同性の育ち　／小学校につながる幼児教育の充実／

「きょうどう」という言葉を表す様々な漢字がある。

> 共同…　①2人以上の者が力を合わせて事を行うこと
> 　　　　②2人以上の者が同じ資格でかかわること
> 協同…　心を合わせ助け合ってともに仕事をすること
> 　　　　協心（心を合わせて助け合うこと）
> 協働…　協力して働くこと
>
> 　　　　　　　　　　　　　　　（岩波書店 広辞苑より）

　上記のように，どの文字にも一緒にするという意味はあるが，「協同」には心がある。文部科学省が「協同」を使う意図は，友達と一緒に動けばいいのではなく，目的に向け自分の思いを出し合い受け止め合い心を合わせていくという過程を大切にする体験を指すからであると私はとらえている。

　協同性は，入園した時からの体験の積み上げで幼児にはぐくまれるものである。成長と共に自然に身に付いていくのではない。小学校にスムーズに入学するための準備として「協同的な活動」をすればいいのではなく，年長の後半に「協同的な活動」を取り入れればはぐくまれるものでもない。

　幼児は，入園し初めての集団生活の中で担任を頼りに安定し，徐々に自分の言動，思いを出せるようになる。教師と一対一の関係から次第に友達に興味をもち，友達とかかわろうとする。友達に自分の思いを出す心地よさ，友達がいる・友達と過ごす楽しさを味わうことが，協同性の育ちのスタート，協同性の芽生えと考える。そして，友達がいるからできる遊びの面白さ楽しさや，友達がいるから思い通りにならない不自由さ・不快感も味わう。「でもやっぱり友達と遊びたい」という思いから葛藤し，折り合い，心を合わせて共に活動をする充実感を味わう。その体験をすることに，幼児の初めての集団教育の場の意義がある。そしてその課題への取り組み方や友達とのコミュニケーション力が，小学校での学習や生活の基盤となってつながるのである。

1　遊びの中で

　例えば，5歳児進級当初の幼児は，年長児として使えるようになった新しい場や遊具に興味をもってかかわる。しかし，友達と一緒に遊んではいても，まだまだ個々が自分の思いで動くことが多い。

| 事例3－③－① | 忍者遊び「勝手に使わないで」（5歳児 4月中旬） |

　A児は，自分の思いをはっきりと言動に出す。4歳の時は，他児も，自分の思いで遊びを進めるA児についていくことで楽しんでいた。しかし，次第にそれぞれが自分の思いを出したくなり，小さなぶつかりあいが3学期から起きている。

　5歳児に進級したA児たちは，ホールで遊ぶことができるようになり，新しい大型積木や巧技台での構成遊びを繰り返している。今日はB児たち4人が先に大型積木で「忍者の基地を作ろう」と遊び始め，A児は後から仲間に入れてもらう。

　突然，ホールから大きな声が聞こえる。教師が行ってみると，A児が「私が作ったのに，勝手に使わないでよ」と怒っている。B児は「だって今，一緒に作ってる仲間じゃない。みんなで遊んでいいじゃない」と言い返す。A児は「ここは，私が考えたの。黙って使わないで」とさらに言う。

　教師は，C児たち他の3人がそのまま遊んでいることに気付き，「基地の人，集まって」と声を掛ける。「え？僕，何もしてないよ」と答えるC児たちに，「大切な仲間が怒ったり泣いたりして困ってるんだから，知らん顔しないで。そばで見てたこと教えて。知らないなら，一緒に話を聞きましょう」と言う。教師はみんなの問題にするため，「この基地は誰の基地なの？」「どうやって遊ぶの？」と5人に問い掛け，C児たち一人一人にも聞いてみる。「みんなで作ったから，どこ使ってもいいんだよ」「怒ることないよ」などと，仲間が口々に言うのを，A児は黙ってしばらく聞いている。そして「ならいいわよ。でも，丁寧に遊んでね」と，まだ少し不服そうに言う。教師は「みんなが話してくれたからよく分かったわ。そうよね。Aちゃんもみんなも一生懸命作った基地だものね。みんなで大事に楽しく遊びましょう」と言う。

　幼稚園の生活は，遊びが中心である。幼児自ら環境にかかわる中で，物や人という環境の特徴やかかわり方を知っていく。だから教師は，遊びの中での幼児一人一人の自分の出し方，友達の受け止め方を把握し，援助することが必要である。A児には，友達と遊ぶにはどうしたらいいかという自己調整を学んでほしい。また他児には，自分の気持ちを出し，相手に伝えようとしてほしい。しかし，教師が「一人で勝手をしてはいけない」とA児に言ってもなかなか変えられるものではない。

自分一人で思う通りに遊ぶ楽しさやつまらなさ，友達と遊ぶ楽しさと不自由さなどを感じる中で「友達と遊びたい」とＡ児が思い，自分で自分の気持ちを切り替えるしかないのである。他児も主張の強い子がいることで，言うことを聞いているだけではつまらないと感じ，力をつけ，葛藤をしながら自分の思いを出す体験ができる。友達がいるからこそできる学びである。「自分の考えを出して相談して，みんなで遊ぶのは楽しい」と実感できるように，幼児一人一人を支えるのが教師である。その積み重ねの中で，協同性ははぐくまれていく。

2　課題活動を通して

　協同性の芽は，遊びの指導援助だけでは十分には伸ばすことはできない。遊びは幼児が選んで始めるもので，興味関心も個々に違い，どうしても体験に偏りがでてくる。だから，遊びの幅を広げたり遊びの質を広めたりするために課題活動が必要である。教師のリードのもと，友達と相談し一つのことを成し遂げる協同的な課題活動の積み上げは，友達とのかかわり方，遊び方を学ぶ機会となる。

事例３−③−②　　こいのぼり作り「何がいいか言ってないよ」
（５歳児４月末）

　年長になって初めてのグループ活動「こいのぼり作り」は，４月当初に作った生活グループで行った。「小さい組の時は小さいこいのぼりだったから一人で作ったけれど，大きい組になったから大きいこいのぼりを作ろう。グループの友達となら，大きいこいのぼりができるね」と教師が投げ掛けた。大きなこいのぼりの用紙を提示すると，幼児は驚きと大きいものに取り組める期待や喜びで「大きーい！」と歓声をあげる。教師は「こいのぼりの模様をグループで相談しましょう。一人一人が好きに描いたら，こいのぼりさん，体がかゆくなっちゃうからね。みんなで相談して，丸とか三角とか模様を一つ決めて，それからクレヨンで塗りましょう。クレヨンの色は自分の好きな色でいいから，模様は相談ね」と話し合いを強調した。

　普段から自分一人の思いで進めがちなＡ児はクレヨンを持ってきて描き出そうとしている。教師が「みんなと模様の相談したかな。みんなに描き始めていいか聞いた？」と言うと，同じグループのＢ児が「そうだよＡちゃん。何がいいか言ってないよ」と言う。遊びの中では，Ａ児の思いで進むことで楽しい時もあるが我慢し

ていることもあるB児は，ここぞとばかりA児に思いをぶつけている。
　ダイヤ模様に決まりかけたグループでは，C児がうつむいている。教師が尋ねるとC児は「だって僕，ダイヤ描けない」とつぶやく。「ダイヤって，四角みたいな形のこと？」とグループのメンバーに教師が尋ねると，D児が「そう。こうやって描けばいいんだよ」と描いてみせる。「それならできる」とC児はクレヨンを手にする。
　三日月模様にするかハート形にするかでもめていたグループでは，ハートを主張していたE児が「私，今日は我慢する。だって昨日，Fちゃん，我慢してくれたもん」と言う。それを聞いて「ありがとう」「私も我慢する」「いいの？」と声が行き交う。
　翌日，各グループは何色のこいのぼりにするかを相談し，決まった色の絵の具を大きなこいのぼりに塗る。
　乾かして目を付け園庭に高く泳がすと，小さい組やお迎え時に保護者が見上げ，驚いたり褒めたりする声が聞こえる。その声聞き年長児は「みんなでやった」と実感して嬉しそうな顔をしていた。

　この時期のグループ活動は，遊びの実態のまま，主張の強い子が進めがちなので，幼児一人一人の課題を把握した教師の指導援助は重要である。主張の強い幼児には一人の思いで進めないように，従いがちな幼児には黙っていないで自分の思いを言葉にする，例え同じ考えでも言葉にすることができるようにする教師の言葉掛けや認めである。この時の課題活動は，相談する内容を少なくし，明確で誰でも意見を出しやすくすること，自由に個々の思いが出せる部分とみんなで一緒にする部分があることがポイントとなる。
　課題活動は，教師に主導権がある。幼児が最後に楽しさ，充実感が味わえるようにする責任がある。教師にさせられた思いではなく，自分たちでやり遂げた満足感が味わえると，その体験が遊びにも生きていくのである。

3　園行事を通して

　2学期以降になると，年長児には運動会や作品展，音楽会等の大きな園行事が続く。園行事も，人に見せることやきれいにできあがることが目的ではない。それに向かう過程や乗り越えたことが成長につながるように，幼児に何を体験させたいかというねらいを明確にして計画する必要がある。幼児一人一人がこの活動に期待感をもち，主体的に取り組み，喜びや感動，達成感などを味わうことができるよう，その過程においてきめ細かな指導も大切である。

次の事例は，遊園地遠足という共通体験をした年長児が学年全体で「友達と相談して力を出し合い，一つのものを成し遂げる」ことをねらいとして取り組んだ活動である。遊園地を作るという課題に向かって，自分を見つめ，一人一人が自分の考えを出し，互いの考えの違いを知り，どうしたらいいか主張したり我慢したりと折り合っていく過程を重視する活動である。

事例3－③－③　遊園地ごっこ・お化け屋敷作り（5歳児11月）

11月初旬に遊園地に遠足にいった年長は，2週間かけて遊園地作りを始める。遊園地の乗り物をグループごとに作り，小さい組と保護者を招待するものである。最初の相談は，年長2クラスで「遊園地にどんな乗り物があったらいいか」を決めることである。次に，お化け屋敷やメリーゴーランド，ジェットコースターなど決まった乗り物を作りたい幼児が集り，グループ作りをする。自分の作りたいもので選ぶ幼児も，仲良しと一緒に行こうとする幼児がいる。

1学期と違い活動期間も長く，設計図描き⇨材料の相談・準備⇨製作という全体の流れの中で，グループの仲間と相談して決めることも多い。そのグループごとの流れもある。だから，合言葉は『何でも相談』と教師は全員に伝える。

お化け屋敷のグループは，2クラスからお化け屋敷に興味のある6人の幼児が集る。このグループは個性の強い子が集っている。力はあるが自己主張も強い。教師はこの活動を通して，友達を認めたり，友達の考えを聞いて自分の考えと照らし合わせて折り合いを付け，自分たちものができていく充実感を味わったりする機会にしたいと考えた。

そこで，まずは「仲間」という思いを味わわせたいと考え，共同作業から始まるように，お化け屋敷の通路作りから始めるようにした。このメンバーは個々のお化け作りでは，きっと創造性豊かな作品を作るだろうと予想できたからである。思っていたように，通路作りでは，段ボールの通路のどこを曲げるか，どことつながるようにするか，どこにお化けが隠れることにするかなど，それぞれの思いがぶつかりその度もめる。最初は教師が仲介役になっていたが，それも少しずつ引くようにした。すぐに「いいよ」とは言わないが，一つにまとまると「きーまった」と一丸となって動き出すパワーは大きい。

《壁の色決め「みんなで我慢した」》
　通路の段ボールを絵の具で塗ることになった。A児たち青の意見が多い中，B児の赤の意見もあり，いつものようになかなか決まらない。教師は，「色が決まったら教えてね。絵の具用意するからね」と話し合いは幼児に任せ，他のグループの援助に行く。
　しばらくして，お化け屋敷グループのメンバー全員が教師の所に来て「黒になった」とニコニコして言う。「あれ？青が赤になるんじゃなかったの？」と尋ねると，「みんなで我慢して，みんなで黒にした」と，少し得意そうな顔で教師に答える。

《お化け作り「そうだ！」》
　何日もかかった通路作りが終わり，いよいよお化け作りになる。教師は，幼児が工夫できそうな材料や刺激になる絵本をさり気なく置いておく。
　C児は，お化けの絵本をめくり「私，これにしよう」と大きな紙を円錐に丸め始める。「何作ってるの？」「いいの。いいの」C児は自分のイメージを実現する材料を見付け，嬉々として作っている。でき上がっていくにつれ「分かった」「傘お化けだ」「いいねぇ」という仲間の声に，C児は嬉しそうにしている。
　D児は材料置場を見つめ，長い間考え，段ボールに暗色のガムテープを張り，お面にして「お化けー」と教師に見せる。教師は「ぜーんぜん怖くない。紙だって分かるもの」とケチを付ける。材料置場でいろいろな空き箱を手に取っては戻していたD児は，菓子の空き箱を持ち，「そうだ！」とビニール袋を中に入れ，箱から出るお化けを考え付く。ビニールを箱の底に貼り付け，フタを開けたが，思うようにお化けが出てこない。教師はストローを手にD児のそばに行き，「これで膨らませたらどうかな」と提案する。D児の顔が明るくなる。早速，箱の底に穴を開けストローを通す。D児は嬉しくて何度も何度もビニール袋を膨らませる。友達からも「へぇー」と感心され，照れくさそうだった。

《遊園地の名前決め「お願い」》
　遊園地開園前日，全員でお化け屋敷の名前を考えることになった。C児は『年長さんがつくったお化け屋敷』を提案する。しかしB児たちは「それじゃあ，僕たち年長さんが作ったってばれちゃうよ」と反対意見が出る。反対されたC児は，考えてもう一つ「みんなが作ったお化け屋敷」も提案する。6人の考えからどれがいいか決められるよう，一人一人が出す意見を担任が紙に書き出す。どうしてその名前を提案したかの理

由も伝え合えるように教師が促し，次第に「僕はCちゃんの考えがいいかな」と譲り，最後にC児が考えた2つの意見が残る。C児は「年長さんとばれる」という友達の考えに納得して「みんなが作った」を押すが，他児はみんな，いつのまにか最初に反対した「年長さんが作った」を支持する。

そのことに誰も気付かないまま，B児がジャンケン勝負を提案する。教師は年長の担任になった時に「ジャンケンで決めるのは，小さい組の子」と言ってきたことをC児は守ろうと，ジャンケンを嫌がる。「ジャンケン，ジャンケン」と他児は盛り上がっている。教師が「Cちゃん，いい顔してないねぇ」とつぶやくと，5人はC児の気持ちに気付く。「お願い」と今度はC児に両手を合わせてで頼む。その姿にC児は折れ，ジャンケンを承知する。「ありがとう」「Cちゃん偉い」と5人はC児に言い，ジャンケンをする。B児が勝ち「年　長さんが作ったお化け屋敷」となると，「やったぁ」と5人は大はしゃぎし，C児もにっこり笑っていた。

この遊園地ごっこでは，作りたい乗物という自分なりの興味やイメージがある幼児が一つのグループとなっている。好きな友達と一緒に選んだとしても，日ごろかかわりの少ない友達は必ず入っている。秋の運動会以降，年長児の学年の活動は増え，いつもの仲よしや生活しているクラスの友達とは違う友達，担任以外の教師とのかかわりも増える。この時までに積み上げてきた課題に向かう友達とのかかわり方や活動の進め方を，今までと違うメンバーで行うことで，幼児の中に確かになっていく。

また，自己発揮・自己表現は言葉での表現だけでない，その年齢なりに自分の思い・イメージを実現するための材料との出合わせておくこと，技能や方法を遊びの中や課題活動を通して体験させていくことも大切である。「そうだ」と思えること，それをその幼児なりに実現できること，そしてそれを友達の中で「いいねぇ」と認められること。それは自信となり，友達にも活動にもより積極的にかかわれるようになる。

4　おわりに

幼児教育での学びは，小学校以降の学習の基盤となる。その学びとは，物や人という環境の特徴，かかわり方を知っていくことである。友達と共に課題に向かう姿勢や，教師から与えられた課題を自己課題として受け止め取り組む姿勢である。そのような学びを幼児教育で十分にしておくことが，小学

校への滑らかな接続になると考える。

　小学校の教科の授業は、やりたいやりたくないに関係なく、その時間になったらやるものである。その時、「今日は先生は何をしようと言ってくれるんだろう」と新しいことに期待し、「あれをするんだ」と興味関心を示し、「こうやればいいのか。分った」と知る喜び・分る喜び・できた喜びを味わう。幼児期に「課題活動をさせられた」という思いが残り、自分で考えたり作り上げたりする体験がないと、小学校の学習は「やらされる」ものになってしまう。そういう意味でも幼児教育に携わるものは、幼児期は心情・意欲・態度を育てるのだという責任を痛感しなければいけない。

　また、最近の幼稚園や保育園などでは、幼児にけんかをさせないようにしている所があると聞く。けんかや怪我を嫌う保護者に対応するため、けんかになりそうになると、間に入って止めるという。少子化で家庭での兄弟げんかや地域で異年齢の仲間はずれの経験もなく、就学前施設でもけんかをさせてもらえず、そのような子たちが小学校以降、どのように自分の気持ちと向き合うのだろうか。友達とつきあうのだろうか。どうやって同じ教室の中で共に学習していくのだろうか。友達とのトラブルは、子どもたちが伸びようとする貴重な機会である。けんかを恐れるのではなく、一人一人が自分の思いを出せていないことや友達のことを気にしないことがないかどうか、教師は敏感にアンテナを張りたい。

　幼児期の学級経営で大切なことは、信頼関係を築くことである。入園前の親子の信頼関係を基盤に、それは幼児と教師の縦の線から始まり、徐々に幼児同士に広がり、学級として絡み合う信頼関係である。学級のみんながみんなのことに関心をもち、共に考え、認め合い、喜怒哀楽を共有できる人間関係にしていくことである。その気持ちが協同性の育ちであるとも思う。

　そして、幼児一人一人の気持ちを大切にする教師の姿勢が、学級を安定の場にし、自己発揮・自己調整を促し、友達関係を深める。幼児一人一人が集団を作り、集団が一人一人を成長させることを教師は意識して学級を経営し、小学校へとつなげていきたい。

　　　　　　　　　　　　　　　　　　　　　　　　　　　　（桶田）

4 食にかかわる体験

　社会全体で「食」に対する様々な問題や課題がある中，人格形成の基礎を培う幼児期からの食育の推進(すいしん)が求められている。心と体の健やかな成長の基盤となるのが「食」である。「食」の充実というと，野菜の栽培活動後，調理をしてみんなで会食をしたり，好き嫌いをしないで栄養を意識して食べたりすることを回数多く経験させることと考えがちだが，そればかりではなく，幼児期の食育は総合的な営み(いとな)である保育全体で考えていくべきことだと思う。ここでは，食育を食にかかわる体験に置き換え，その充実を通して心と体の健やかな幼児を育てていくことを考えていく。

　食にかかわる体験とは，食べることのみを考えた体験だけでなく，体を動かす遊びや絵を描くこと，絵本の読み聞かせ，昼食（給食，弁当）の摂り方等，生活の全ての内容に様々な形で関連しているものととらえている。

1 食にかかわる体験を通して見られる幼児の育ち

　食にかかわる体験を通して見られる幼児の育ちを次のように考える。

- 野菜の栽培活動では，生長過程を見る，触る，嗅ぐ等，諸感覚を働かせ，興味や関心が高まる。
- 収穫活動等の感動体験を，言葉，身体，描画，製作，劇的活動等で表現することを楽しむ。
- 野菜や果樹等の様々な味覚を味わう。
- 思い切り体を動かして遊ぶことで「おなかがすく」という感覚をもつようになり，食事をおいしく食べるようになる。
- 友達や先生と一緒に（園内の果樹や栽培した野菜，弁当や給食等）食べることを通して，人とのかかわりを楽しむ。
- みんなが気持ちよく楽しく食事をすることに必要なマナーを身に付ける。
- 食事を作ってくれる人，食材（野菜や肉や魚等）を作ったり捕ったりしてくれる人等に感謝する気持ちをもつ。
- 食にかかわる体験がつながったり広がったりしながら展開されることで，探究心や知的好奇心が高まる。
- 自分から身近な環境にかかわり，いろいろなことに意欲的に取り組もうとする。

次に，果実（柿）の収穫における幼児の様々な姿から，食にかかわる体験の充実を考えてみたい。

> **事例3－④－①**　柿，色が変わってきたよ（4歳児9月中旬）
>
> 　園庭の柿が例年より早く色付き始めた。その変化を素早く見つけたA児が「オレンジだよ。とってもいい？」と，担任に聞いた。しかし，昨年，その柿の実で干し柿作りをした担任は，柿が渋柿だったことや今年もその計画をしていたため，「もう少したくさん，オレンジ色になってから食べようね」と答えた。A児は担任の「もう少したくさん」の言葉を信じて，翌日には「今日は2個，オレンジになったよ」，翌々日には「今日は，5個オレンジになったよ」と毎日，伝えにきた。採りたい，食べたい気持ちがどんどん高まるA児。
>
> 　どのように応えるべきか悩んだ担任は，色付いた柿を一つ採り，「甘いか渋いか」A児と一緒に確かめることにした。A児も一口かじり，このままでは食べられないことを感じさせ，柿が渋柿で甘くなる方法があることや干し柿作りをすることを伝えようと考えた。ところが一かじりすると，渋いと思っていた柿が甘い。やっと柿が食べられたA児は笑顔で「オレンジ色のはおいしいね」と言った。すると，その情報をすぐに学級の友達へ伝え，他の学級にも広がっていった。

❶　幼児の姿の読み取り
- 柿の変化に気付き，言葉に表していた。
- 柿を食べたことがあり，色づく（オレンジ色に変わる）と食べられるのではないかと思っていた。
- 「とっていい？」と確かめるのは，柿はみんなのもので自分のものではないという思いがあった。
- 毎日色付いた柿が増えていることを楽しみに数を確かめ，興味や関心が更に高まっていった。
- 念願がかなった喜びが，A児と担任との2人のかかわりから，友達へも伝えようという気持ちにつながり，学級全体の話題になった。

❷　教師の思いと援助・環境構成
- 昨年度の活動状況や今後の計画があるため，最初のうちはA児の思いを受け止めきれず，曖昧な対応をした。
- 「もう少したくさん」の言葉をかけたとき，担任にはその後のA児の姿を予想することはできなかった。しかし，この言葉が，数を数える，数が増えていくことに興味や関心を示すきっかけとなった。

- A児の強い思いを感じた担任は，今までの対応を振り返り，一緒に味の確認をする等，しっかり向き合うことにした。

教師にとっては例年行われていることでも，幼児にとっては初めての体験である。そのことを踏まえて，幼児の気付きや発見にしっかり向き合うことが大切である。

事例3－④－②　「柿レストラン」開店です〈柿の収穫2回目〉
（5歳児9月下旬）

年長組は学級で，「幼稚園の子供全員が食べられること」を条件に話し合い，学級ごとに柿を収穫して食べた。全学級が食べた後も，まだ，柿はたわわに実っていた。「もう一回，食べたい」「まだ，みんな食べられると思う」という声が上がった。担任は，その言葉を受けて「ビワの時，みんなで食べたね」と答えた。すると「『柿レストラン』やろうよ」とビワの収穫時に行ったことを思い出した幼児が言った。「やろう。やろう」とあっという間に学級全体の活動になっていった。開店の場所やテーブルに使用するものを話し合いながら，担任も一緒に開店の準備をした。レストランの場所は柿の木の下である。また，シェフ（皮を剥く）は，保育参加で来園していたお母さん2人にお願いした。

「『柿レストラン』やっています」と宣伝に走る子，「いらっしゃいませ。何個食べますか」と注文を受け，シェフに伝える子，剥いてもらった柿を運ぶ子等，様々な役割を分担して動く姿が見られた。年少組も続々と来店し，やや緊張した表情が見られたが，柿を食べている途中で年長組に「おいしいですか」と声をかけられ，にっこり頷く姿も見られた。

---

❶　幼児の姿の読み取り
- 柿のおいしさを十分感じることができた。
- 幼稚園の「みんな」で食べることを意識する言葉が多く聞かれた。
- 初夏に行ったビワの収穫で経験したことを生かして，自信をもって活

動を進めようとしていた。
- みんなで食べようという気持ちの高まりが，学級全体の活動に広がり，友達関係の深まりや学級の一体感を感じることができた。
- 一人一人が役割を意識して意欲的に動く姿が見られた。
- 保護者や年少児とのかかわりを楽しむ姿が見られた。

❷ 教師の思いと援助・環境構成
- 「みんなで」という言葉が，初夏にビワが実った時に行った「ビワレストラン」の経験を思い出させ，体験のつながりや広がりをもたせるきっかけとなった。
- 「ビワレストラン」の経験を，学級の共通体験として教師が大切にしてきたことが，今回の「柿レストラン」での活動につながった。
- 柿の木の下に場を設定することや採りたての柿を食べられるように配慮したことが，幼児の興味や関心を更に高めることにつながった。
- 教師が指示して幼児を動かすのではなく，一緒に考える，準備をする等，共に動く関係で，側面からの援助が，子どもたちの意欲を引き出していた。
- 保護者へ具体的な動きを依頼したことも，この活動を盛り上げることにつながった。

事例3－④－①，②ともに「柿」を収穫して食べるという一つの活動であるが，単に食べる楽しさだけを経験しているのではない。収穫の1回目と2回目では，柿の食べ方を変え，発達段階に応じて工夫している。幼児は様々なことに気付き，感じ，思いや願いをもっている。そのことを教師が瞬時にとらえ，タイミングよく援助や環境構成をしていくことが，幼児の豊かな体験につながっていく。この2事例を通して，発達段階やそれぞれの状況に応じて，幼児に経験させたいことをしっかり明確にして，援助や環境構成の工夫をすることがことが大切であることがわかる。

2 食にかかわる体験を充実させるための教師の役割

教師主導の計画だけで進めるのでなく，一人一人の興味や関心に寄り添い，幼児なりの気付きや思いを受け止めたり促したりする言葉掛けや，環境設定を工夫することが大切である。

また，教師も幼児と共に発見の驚きや不思議さに共感し，興味や関心の高まりや探究心を敏感にキャッチし，タイミングを逃さず保育に取り入れ，体験のつながりと広がりを考えていくことも重要である。

食にかかわる体験を充実させるためには，家庭での食習慣などが影響する

ことも多くある。幼稚園で大切にしていることを伝え，家庭も一緒に幼児にとって豊かな体験となるよう連携を図っていくことが必要である。

　さらに，教材研究や教材開発を積極的に行うことが必要である。幼児の実態は，今までの経験や環境によって大きく変わるものである。目の前にいる幼児の実態に即した教材を開発していくことは，自分自身の指導力の向上にもつながり，達成感にもつながっていくのである。

（関）

5 特別な支援を要する幼児とともに

1 はじめに

　今，保育の現場では気になる子の存在が増え，教師は一人一人の対応に戸惑うことも少なくない。しかし，支援が必要な子どもたちが安心して過ごせるような工夫をすることで，望ましい生活習慣や人とかかわる意欲などが芽生える。また，特別な支援を必要としない幼児たちにとっても様々な友達に出会い，ともに生活することで，人とかかわる力をはぐくむことにつながる。教師は個々の幼児に合った指導を工夫し，幼児同士が互いに育ちあうよう援助を進めることが必要である。ここでは，支援が必要な幼児の指導や環境の工夫によって，支援が必要な幼児が安心して生活したり，幼児同士のかかわりが生まれたりなど，ともに育ち合う事例について述べる。

2 絵カードを使って

事例3−5−①　　Ａ児ちゃん，お話しできるようになったね（5歳児）

■自閉的傾向が強く，自分の感覚のままに動き，人とかかわることが困難なＡ児が，絵カードを使って教師や友達とかかわりが生まれた事例

　暑い日が続き，Ａ児は朝から苛立ち，奇声を発し，声をかけた友達や介助員につかみかかって髪の毛を引っ張ったり，蹴ったりして叫んでいる。

　人のいない静かな職員室に連れて行きＡ児が好みそうな布製の遊具やパズルなどを誘ってみるが，Ａ児は自分の指先や，遠くの方をぼんやりと眺めるだけで，教師を見ようとしない。教師はＡ児とコミュニケーションをとる手掛かりが欲しいと考え，○と×のカード，行きたい場所，やりたい遊び，使いたい遊具などの絵カードを作ることにした。

　翌日，身支度が終わったＡ児に「Ａ児ちゃん，外に行く？」と聞いても反応がないので，○か×のカードを見せて「○？」ともう一度聞く。Ａ児は注意を向けることができ×をとる。教師は「いやなんだね」と受け止め，「じゃ，ホールは？」とホールの絵カードを見せるとＡ児はかすかにほほ笑んだ。「○？」と聞くとにっこりしてホールの方に走り出した。ホールに行っても遊びが見つからない様子なので，教師が「カセットやる？」と絵カードで聞くと，Ａ児がカセットを触ったので「カセット取りに行こうね」と一緒にカセットを取りに行く。Ａ児はカセット

を持って嬉しそうにホールに戻り，カセットを聞いている。
　しばらくして，いつもA児に言葉をかけてくれるB児が「Aちゃん何してるの？」とやってきた。B児は教師の絵カードに興味を持ち，A児がカセットに飽きて立ち上がった時に，教師に使い方を教えてもらいながら，「Aちゃんお外に行きたいの？」とカードを使って話しかけた。A児はキャキャっと笑い，カードを押し返すようにした。B児は「いやなの？」と，○，×を示しA児が×を選択すると「分かった」と微笑む。B児は「先生Aちゃんお話しできるようになったね」という。
　絵カードを使ってA児とコミュニケーションをとることが他の幼児にも伝わり，A児と学級の幼児とののふれあいが広がっていった。

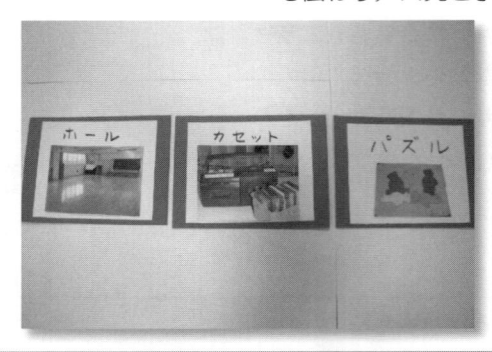

● ここでの援助のポイント
- A児の苛立ちや奇声を発する姿に戸惑うだけでなく，A児がそうしないではいられない思いは何なのかを，A児の思いを理解し寄り添おうとすること。
- 幼児がいらだったり，パニックになったりしている時には静かな場所，気に入っている遊具などで，気持ちが落ち着けるようにする。
- A児は人に思いを伝えようとする意欲が全く見られない。人とのコミュニケーションの手助けとなる教材を工夫し，気持ちや感情を表現させ，伝わるうれしさを体験させながら，人とかかわろうとする意欲を高める。
- 教師がモデルとなって，A児が自分の思いを伝えられる方法に気付かせ，幼児同士のかかわりが生まれるようにする。

3　一日の流れや物の置き場の表示

事例3－⑤－②　　8になったら片付けだよね（4歳児）
● 広汎性発達障害があり見通しがもてないとパニックになるC児が，物の置き場所や一日の流れなどを表示したことで安心でき，友達とかかわりが生まれた事例。

C児は登園すると「靴しまうの？」「カバンしまうの？」と何度も確認し，すぐに対応してもらわないとパニックになる。遊びの途中で片付けになったり，誕生会などいつもと違うことがあったりすると，説明しても気持ちが切り換えられない。周りの幼児は「Cちゃんまた泣いてる」と，戸惑っている。

　教師は，持ち物の置き場所，手順，一日の流れなどを時計とともに示した。C児が教師と一緒に表示を見ながら「1番カバン，2番帽子……」と身支度をしていると，D児が「Cちゃん自分でできるんだね」と言う。また，遊んでいる途中で「まだ片付けじゃない？」と教師に確認に来た時「長い針が8になったらでしょ？」と表示を確かめさせると「まだ，片付けじゃない」と納得する。そして，近くにいたD児が「8になったら片付けだよ」と言うと，C児も「8になったら片付けだよ」と同じように言う。C児は泣くことが少なくなり友達と一緒に行動できることが増えた。

　ある日，C児は椅子が5個以上重なっていることに気付き，表示を見ながら5個ずつに直しているとE児が「Bちゃんえらいね」とほめる。降園前の活動で一日の出来事を発表し合う時，E児はこのことを取り上げ，C児はみんなに拍手をもらい嬉しそうにほほ笑んだ。

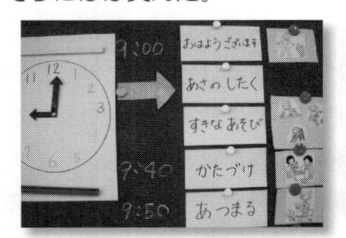

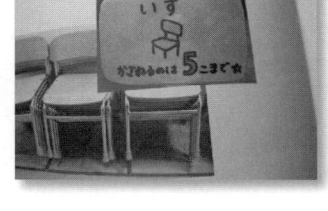

● ここでの援助のポイント
- C児はわからないことに不安になり，パニックになってしまう。物の置き場所，手順，一日の流れなどを表示し，安心できるように工夫する。
- 自分でやり方や生活の見通しをもてるようにし，やってみようとする意欲を高め，できた喜びを重ねながら，友達と一緒にできることを増やすようにする。
- 表示などで生活の仕方を示すことで，C児だけでなくみんなにとってわかりやすく，学級全体に生活の秩序ができるようにする。そのことがC児と学級の幼児が互いに認め合う基盤となる。
- 幼児同士が，互いの良さに気付いたことを，学級のみんなに知らせる機会を作る。

| 4 | 合奏の分担を絵で表示 |

> **事例3 －⑤－③**　みんなと一緒に音楽会に参加する（5歳児）

●衝動性があり，思い通りにならないとぶったり蹴ったりし，みんなと一緒にする活動が苦手なF児が，学級のみんなと音楽会に参加し楽しんだ事例。

音楽会が近づき，数人が合奏をして遊んでいる。そこへF児が突然「こんなの大嫌い！」と叫んで大太鼓を蹴る。友達が「やめて！」と言うと殴りかかる。

教師は，F児がみんなと一緒にできないことに苛立っているととらえF児にもわかるように，楽器の絵が付いた譜面を作り，F児が気になっている大太鼓に金色のシールを張って目立つようにした。出来上がるとみんなよりも先にF児に見せ，一緒に練習をし，F児が少しできるようになってから，みんなに見せるようにした。

みんなも譜面に興味をもち音楽会ごっこが始まると，F児は真っ先に大太鼓を取り「金色のところだよ」と説明し，みんなの仲間に入ることができた。しかし，今度は大太鼓を独り占めして，他の幼児がやりたいと言うと殴り掛かりそうになる。G児が「順番を書いたらいいんじゃない」と提案する。やりたい人が順番に名前を書いて黒板に貼った。教師は矢印を作り，次の順番がわかるようにした。F児は自分で矢印をつけ順番を待つようになった。そして自分の順番が来ると嬉しそうに大太鼓に飛びつく。K児が「Gちゃん大太鼓大好きなの？」と声をかけるとG児は嬉しそうにうなずく。

いよいよ本番に向け分担を決めることになった。大太鼓は希望者が複数いて話し合になり，K児が「Gちゃんがいいと思う。だってGちゃんはすごく大太鼓が好きだから」と推薦する。しかし，他の幼児からは「Gちゃんだけずるいよ」と言う声が上がる。教師は，今までたくさん練習していたかどうか，これから先も，難しくてもあきらめないで最後までできるかということも選ぶ基準にするよう提案する。そして，本人の気持ちも確かめ，結局G児は友達に認められ大太鼓に決まった。

本番の日，G児は初めてみんなと一緒に舞台に立ち，となりのH児に「お前も頑張れよ」とささやく。G児はみんなと一緒にたくさんの拍手をもらい，席に戻ってからも嬉しそうに隣の人と笑み合っていた。

● ここでの援助のポイント
- 楽器を絵にしたり，シールを貼ったりなど，注意を向けやすく，自分で取り組む手がかりとなるものがわかりやすいように工夫する。
- 他の幼児に比べ理解に時間を要すること，自分はできないという思いをもっていることなどを踏まえ，事前に個別指導をし，自信を持たせ，安心して友達と一緒にできるようにする。
- 順番を表にする，矢印をつけるなど，いつまで待てばいいのか見てわかるように工夫し，約束を守ってみんなと一緒にできるようにする。
- G児を推薦する意見だけでなく，自分たちもやりたいという主張も大切にしながら，考えを出し合って決められるようにする。

5 おわりに

　特別な支援を必要とする幼児を理解し適切に援助したり，学級の幼児同士が違いを認め育ち合ったりできるようにすることは容易なことではない。常に一人一人の幼児を大切にする姿勢をもち，それぞれの困難さ，思いなどを理解する努力を重ね，その子に合った教材や援助を見出していかなければならない。

　教師が一人一人の違いを大切にする姿勢が，学級の幼児同士が互いを認め育ち合うことにつながると考える。

　また，事例3－⑤－②でも述べたように，支援を必要とする幼児にとってわかりやすい教材や援助を工夫することは，学級の他の幼児にとってもわかりやすい環境や教材となることが多い。学級の環境をわかりやすく整理し，秩序ある生活ができるようにすることで，学級全体が落ち着くよう，丁寧で細やかな工夫を心がけることが大切である。

　　　　　　　　　　　　　　　　　　　　　　　　　　　　（塚本）

6　地域の中の幼稚園って素敵！　／保育者・幼児・保護者の育ちを願って／

1　はじめに

　今，子どもたちを取り巻く環境は危機的である。自然環境をはじめとして，子ども人口の減少など様々なものが減少している。よくいわれる3つの間，時間・空間・人間が不足していては幼児期に必要な豊かな体験は望めない。これからの時代，幼稚園では時間と空間は何とか工夫をすれば確保できるかと思われるが，人間だけはなかなか難しい。地域にも家庭にも少なくなった子どもを，地域と結び，人とかかわりながら育つ喜びを味わわせられるのは幼稚園であるといっても過言ではない。"人は人によって育てられ，人として育つ"のである。

　そこで幼稚園は，家庭と地域社会をつなぐコーディネーターとなり，親と子が地域とともに育つ場とならなければならない。そのために本園では数年前から，「地域応援団」を組織し，地域の力を幼稚園に取り入れている。当初の応援団組織の目的は，幼稚園がかかわっている町会等の地域や様々な関係諸機関とのつながりを生かし，保護者に子育てにかかわる専門的な情報の提供を行い，必要に応じて地域や各機関とつながりがもてるようにすることであった。しかし活動を展開するうちに正真正銘の幼稚園応援団になり，教育活動の充実に積極的に協力いただけるようになってきた。地域応援団の力で，自然体験や様々な遊びを通して，家庭と地域が幼稚園でつながり，親と子が地域とともに育つ幼稚園になりつつある。このことが幼児の豊かな体験につながるとともに保育者のスキルアップになり，幼稚園全体の教育の質を高めることにつながるのである。

2　地域応援団とは

　幼稚園のもつ教育力の一つにこれまで積み上げてきた地域との関係がある。子育てや仕事を終え，第二の人生を歩み始めた方々は仕事ではなく，今まで培ってきた専門分野の力を発揮したい，未来を担う子どもたちのために力を貸したいと考えている方が少なくない。しかし，力を発揮する場や機会がないのが現状である。また，幼稚園は若い先生が増え，先生自身が自然体験をはじめとして遊びの体験が少なく，指導がマンネリ化したり深まらなかったりする実態がある。そこを地域力でカバーすることにより，園全体の教育力も上がると考える。

　幼稚園のニーズと地域の方々のニーズを合わせるためには地域応援団を組織することがスタートである。本園では町会役員や子ども会で活躍されてい

る方が，修了児の保護者であったことから，すでに交流があったのでそこを窓口に組織をつくった。また，地域の市民大学である江戸川総合人生大学子ども学科の方々とのコンタクトがとれたので，順調であった。

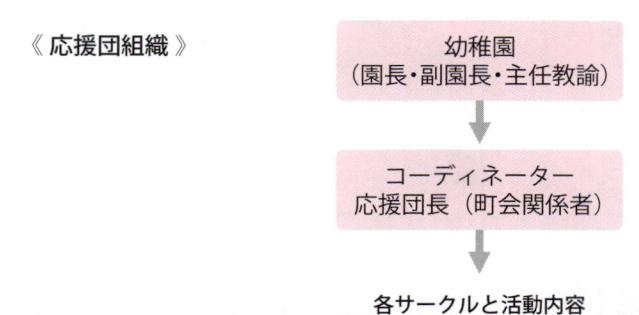

《応援団組織》

幼稚園（園長・副園長・主任教諭）
↓
コーディネーター
応援団長（町会関係者）
↓
各サークルと活動内容

ドングリの会	泥団子の会	ＰＴＡ	個人ボランティア
・江戸川総合人生大学修了者と現役でつくるサークル	・船堀幼稚園を修了したPTAOBのサークル	・現役のPTA会員	・地域・町会の方 ・本園元職員 ・本園修了児
・春の自然で遊ぼう ・秋の自然で遊ぼう ・ヤゴや自然物の提供 ・徒歩遠足 ・自然観察のサポーター ・風車　浮沈子 　スライムづくり ・草木染め ・もちつき　等	・春の自然で遊ぼう ・秋の自然で遊ぼう ・船堀パーク ・どろだんごづくり ・シャボン玉づくり ・もちつき ・凧づくり凧揚げ	・パトロール ・エコキャップ 　アルミ缶 　ベルマークの回収 ・遠足のサポーター ・各種親子活動の企画運営 ・洋裁協力 　その他	・春の自然で遊ぼう ・秋の自然で遊ぼう ・もちつき ・自然環境管理 ・習字教室 ・親子クッキング ・英語で遊ぼう ・お茶会　その他

3　実 践 事 例

❶ 自然とのかかわりを豊かに

> 事例3－6－①
>
> 　幼稚園の園庭は四季折々，自然が豊富である。日常の保育の中では，それを十分に生かし切れていなかったり，まだ足りないものがあったりする。また，子どもだけでなく保護者にも，自然体験の重要性に気づいてほしいと考え，春・秋の土曜日の午前中に「春・秋の自然で遊ぼう」を企画した。地域応援団の方に自然の中での遊び方を教えてもらいながら，親子で楽しい心豊かな時間を過ごせるとともに，保育者自身も初めての体験もあり，それが日常の保育にも生かされる。春には，園庭をオリエンテーリングしながら草花を探す，木の幹に聴診器をあてて音を聴く，ダンゴ虫を探す等を行った。秋は地域の川沿いを散歩しながら鳥や魚を観察したり，秋の自然物で制作したりする企画で実施している。

春・秋の自然で何が体験できるか，地域応援団の方の協力を得ながら企画する中で，新しいアイデアとして観察コーナーが誕生した。幼稚園にはいないミジンコやヤゴなど小学校から分けてもらったり，自然物での遊び方を教えてもらったりしながら充実した内容になる。オナモミを使ったダーツや観察コーナーは保育の中でも大人気で，考えたり工夫したりする姿がみられる。また，新たな環境として，ビオトープや蝶やバッタのくる広場など教わり設置したので，幼児が日常的に自然とふれあい易くなり，自然環境が充実してきた。オナモミも園内で育てるようにしたので，保育の中で使って遊べるようになった。

第3章　質の高い保育の実践事例　119

❷ 遊びや活動の充実につながる知識の広がり

> **事例3－⑥－②**
>
> 　得意分野をもつ応援団のやってくださる活動には，保護者も若い保育者にも遊びのヒントになることが詰まっている。小麦粉粘土や，スライム，風車（8枚羽）料理などもそうである。教材の準備や作る手順なども，プロの先生だった方から教わることが多い。「これなら，家でもやってみたい」「保育でやって見よう」と思えるきっかけとなる。    
>
> 　アイの育つ過程を観察⇨自分で摘む⇨干す⇨藍染をする体験ができたのも，応援団の方のもってこられたアイの種がきっかけである。保育者にとっても初めてのことだらけであったが，育てることができたのもアイの育ちを応援団の方が時折見に来て支えてくださったからだと思う。藍染のエキスづくりでは，インターネットを駆使して調べたり，幼児が見通しをもって取り組めるように手順を絵に表したり工夫したので，見事，藍染に成功し，保育者自身も満足感がもてた。染める過程で色が変化する不思議さや模様が奇麗に表れた喜びなど体験する機会となった。この他に，マリーゴールド・黄花コスモス・紅花染めにも挑戦する意欲につながっている。

《マリーゴールドで染めよう》

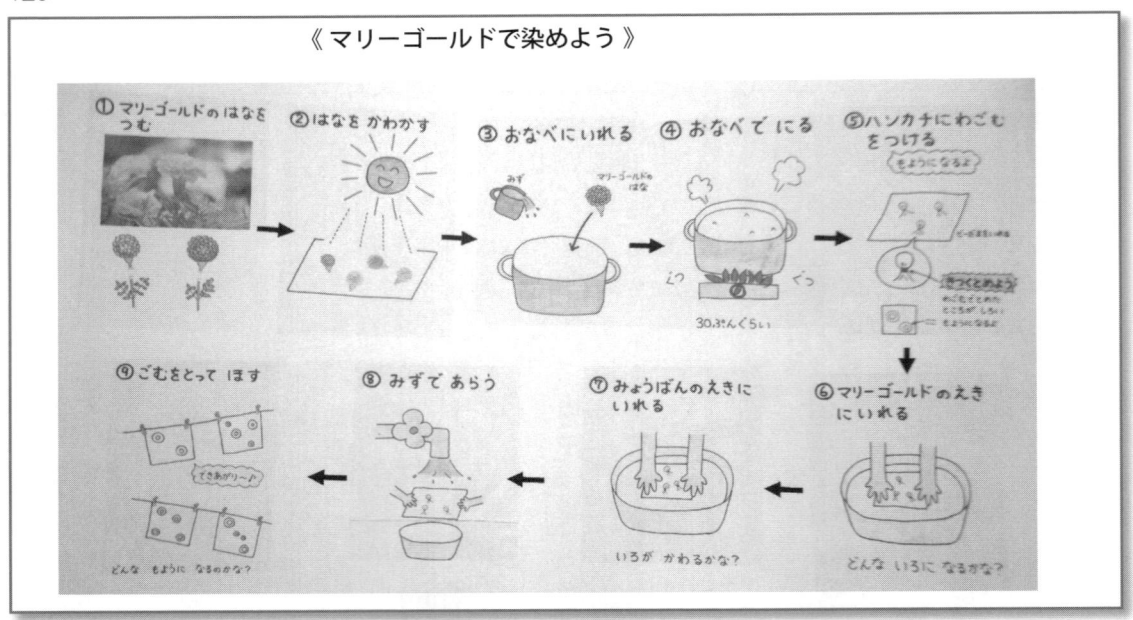

① マリーゴールドのはなを つむ
② はなを かわかす
③ おなべに いれる
④ おなべで にる
⑤ ハンカチに わをむ つける（もようになるよ）
⑥ マリーゴールドの えきに いれる（どんな いろに なるかな？）
⑦ みょうばんの えきに いれる（いろが かわるかな？）
⑧ みずで あらう
⑨ ごむを とって ほす（どんな もように なるのかな？）

❸ 遊びの環境を豊かに

事例3－⑥－③

　教育の質の向上には，何といっても遊び環境の整備が重要である。園内の人材だけでは十分にできないことも多い。そのような時こそ応援団の智恵と力を借りることが必要である。❶の事例で紹介した花壇やビオトープもそうであるが，本園では様々なところで，お手伝いをいただいている。

　竹プランターの作り方を地域ボランティアグループから教えていただき，その後職員OBの方に作っていただいた。もちろん，竹も地域の方からのプレゼントである。

竹プランターを作っていただいたことにより，摘んだ園内の草花を自分たちで活けるようになり，色合いを考えて摘むようになる等むやみに摘まなくなり，何より自然を身近に感じ自然を大切にする心の育ちにつながっている。また，園内の一角に，木製のテーブルを置き，落ち着いた遊びのできる環境を作った。ここも環境の整備を応援団にお願いし，四季折々の自然を身近に感じられる場になっている。

4 おわりに

この他にも様々な活動で地域応援団に協力いただいているが，本園の場合は，応援団の組織作りは10年近くかかって築き上げたものである。園の教育方針を理解していただくことが一番の課題であり，互いに必要感をもち支えあっていかれる関係の中で，よりよい環境や体験の場を幼児と保護者に提供している。このような地域との関係やつながりは管理職の仕事ではあるが，保育者自身が必要感をもち，地域力を受け入れていく柔軟な気持ちをもっていないとうまくはいかない。教育は意図的・計画的に行わなければならないが，地域応援団の方に協力をいただくには時間の予想がつかないことも，突然のことも起こる。そのような時にも，臨機応変に対応できる保育者が望まれる。

- 地域の方の智恵から学ぼう
- 地域の方の力で遊びを豊かにしていこう

この姿勢が，子どもの探究心や好奇心を駆り立てる多様な体験を生み出すのである。そのことが，保育者自身の教育力の向上につながる。幼児・保護者と地域が幼稚園で出会い，結び付き，地域の中の幼稚園として輝いていくことを目指して応援団と協力し合っていきたい。 （福井）

7 子どもを中心に置くこと

1 はじめに

「保育の質」という言葉がよく飛び交（か）っている。しかし「保育の質」とは，何だろうか？「質」がつくいろいろな言葉を思い浮かべてみる。本質，良質，悪質，同質，異質，均質 etc。私たちの身の回りには「質」という言葉が溢れている。「保育の質」という言葉を使うとき，私たちはどのようなことをイメージしているのであろうか？

2 記憶の中の「質の高くない保育」の例

「質の高くない保育ってどのようなものだろう？」という問いを自分自身の中に投げかけてみることにした。そのようにして自分自身の保育を見直した時に，浮かび上がった保育の記憶があった。保育者になって5，6年目頃のエピソードである。

そのころの私は，保育に行き詰り，子どもたち同士の関係もギスギスし，トラブルが絶えなかった。何をどのように援助したらよいのかもわからなかったとき，このような状況になるのは楽しく遊ぶ場がないからではないかという助言をもらった。藁（わら）にもすがる思いで作った遊びの場が，魚釣りごっこの遊び場であった。保育室のまん中に積み木で囲いを作り，紙で作った魚や棒にひもをつけた釣り竿を用意した。釣った魚を入れるバケツも用意し，子どもたちの登園を待った。登園してきた子どもたち（4歳児）は，めずらしく用意された遊び場を見てうれしそうに遊び始めた。魚を釣ったり，釣った魚をバケツに入れたり，その姿はとても生き生きとしているように見えた。ところが，よかった，よかった，と見ているうちに，次々に子どもたちは遊び終え，立ち去っていった。あとには，残骸（ざんがい）のような環境が残っていた。

これは，「質」を問う以前の事例かもしれない。大変未熟な保育者としての私の記憶である。しかし，質の高くない保育について思いめぐらしていた時に，私の中に浮かんだ遊びであることは確かである。

この時のことを振り返って考えてみると，私の中に決定的に欠落（けつらく）していたものがあることに気付く。それは，「遊びを作り出すのは子どもたち」という視点である。そして，子どもと共に遊びを作り出すという保育者の姿勢も欠けていたように思う。

「遊びを作り出すのは子どもたち」という視点でこの遊びの課題と，改善点をとらえてみた。改善のアイディアは多様に考えられるが，そのうちのいくつかの例をあげた。

項　目	その時の私	改善のアイディア
なぜ魚釣りごっこをしたのか？	・簡単に遊べそうに思った ・楽しそうだと思った ・それまでの子どもの遊びとのつながり無し	・子どもたちの実態（遊びへの興味，仲間関係，季節など）を捉えて，遊びを投げかける ・つながりを意識する
子どもたちの行動をどう予想したか？	・魚を釣る ・釣った魚をバケツに入れる ・釣った魚を見合う	（魚釣りごっこだとしたら） ・魚を釣る ・釣りたい魚を作る ・釣った魚で料理をする ・釣りに行く船を作る ・魚屋になる　など
どのような場を用意したか？	・保育室の中央に積み木で大きな囲いを作っておいた	・積み木やブルーシート，段ボールなど，場を作れる物を用意する。子どもと一緒に場作りから始める ・保育室全体の人の動き，他の遊びとの関係を考え場所を決める
どのような物を用意したか？	・バケツ ・保育者が作った魚や釣竿	・魚や釣竿を作る材料（紙，クレヨン，ひも，クリップ，セロハンテープ，ハサミ等） ・海や魚が出てくる本
保育者のかかわりは？	・遊んでいる様子を見てよかったと思う ・まだ遊んでいない子がいると，遊ぶように誘いかける	・子どもと一緒に場を作ったり，魚釣りを楽しんだりする ・楽しんで遊び出した子どもの様子をよく捉える

3　子どもと過ごす日々の中で見つけた「質の高い遊び」の例

「質の高い遊び」と私が思う遊びを探してみた。私の中に浮かんだ遊びを次の事例で紹介していく。

事例3－7－①　イチョウの葉っぱの枕作り（4歳12月）

仲良しの友達と上手く出会えず朝から遊び出せないでいたA子を保育者が園庭に誘うと，「わたしも行く！」と数人が一緒についてきた。イチョウの木の下につくとみんな思わず息をのんだ。「すご〜い」「きれい！」子どもたちが叫んだ。

一面イチョウの落ち葉で覆われて，鮮やかな黄色に染まっていた。どんよりとした曇り空で，せっかく外に出たものの，「今ひとつだな」と思っていた保育者も，イチョウのまぶしいくらいの黄色に救われた気持ちになった。

先に来ていた5歳児たちが熊手や箒を使って一か所にせっせと落ち葉を集めていた。聞くと，土管の山のふもとに落ち葉のベッドをつくっているようで，「年中組も土管の山のてっ

ぺんからダイビングしていいよ！」と言ってくる。「やってみよう！」とみんなで土管の山に登り，てっぺんから走り降りてベッドに飛び込んだ。大声で笑い合い，仰向けになってベッドに横になる。落ち葉のベッドはふわふわと暖かかった。

　Ａ子は保育者の隣で「草のにおいがするね」と言ってきた。何度かダイビングを楽しんだあと，「じゃ，私たちは枕つくってみない？」と提案してみる。「まくら？どうやって作るの？」と興味をもった様子。急いで保育室にビニール袋とガムテープを取りに行った。ビニール袋にイチョウの落ち葉を詰めて，ガムテープで留めるシンプルな枕なのだが，イチョウの葉っぱの量の違いで，柔らかさに微妙な違いができる。

　子どもたちはイチョウの葉を適当に詰めてはガムテープで留めて，一度地面に置いて寝心地を試してから，もっと葉っぱを詰めてみたり，逆に減らしてみたりする。保育者は，途中から開け閉めができる留め方にした。「草のにおいがするのがいいよね～」などと子どもたちが言っているのも聞こえてきたので，あまりぴったりと留めてしまわない方がいいことにも気づいた。

　でき上がった枕で空をみながらお昼寝してみたり，高く投げあげて，両手でキャッチしてみたり，友達にパスしてみたり，思いの外楽しめる手作り枕を気に入ったようで，自分のつくったものに名前を書いて欲しいと言ってきた。せっかくなら，枕カバーをつけて，自分のだということが分かるようにするのはどうかと思い，保育者は不織布を用意し，枕一つ一つに巻き付けた。子どもたちは枕カバーに思い思いに好きな絵を描き込んだが，Ａ子だけはなかなか描き出せず，「せんせい描いて！」と言ってきて，一緒に仕上げた。

　その日の降園時，手作りの枕を両手で抱きかかえて座っていたＡ子に，Ｑ夫が譲って欲しいとせがんできた。「先生と私でつくったから…」と断るＡ子。「Ｑ夫くんも，明日つくろうよ」と保育者も声をかける。それでも，Ｑ夫はかなり執拗にお願いし，最後にはＡ子の前にしゃがみ込んで，「おねがい！」と両手を合わせて頼んだ。必死のＱ夫の様子に「しょうがないなぁ」とＡ子は枕を手渡した。Ｑ夫は，「ありがとう！」とお礼を言い，大事に家に持って帰った。

　翌日，Ｑ夫は，登園するとすぐに「まくらやさんがしたい」と保育者に言ってきた。今すぐ取りかかりたいＱ夫の気持ちが伝わってきたものの，登園時でまだ全員の子どもたちが来ていない時だったため，動き出

せずにいた。Q夫は，他の保育者に頼み，一緒に準備を進めた。少し経って，他の子どもたちと一緒に行くと，Q夫の「まくらやさん」は，すでに大勢のお客さんで賑わっていた。

　自分で作れる人には，ビニル袋を手渡し，自分で葉っぱを詰めてもらう。詰め終わるとお店に持ってきて，ガムテープで留めてもらい，カバーをつけてもらう。カバーに水性ペンで自分の好きな絵を描けるシステムになっている。自分で作れない人には，絵だけを描くことができるような何も描いていないカバー付きの枕や，Q夫が得意な電車の絵を描き込んだ完成品も用意されていた。S保育者とQ夫とで，工夫して遊びを進めていることが伝わってきた。

　お店をせっせと切り盛りするQ夫の様子に刺激を受けて，手伝い始める子どもたちが増えていった。H夫は，材料が少なくなるたびに，保育室に走って取りに行き補充した。A子は，まず自分用の枕をひとつ完成させると，年少児に枕カバーをつけてあげたり，水性ペンを手渡して「好きな絵を描いていいんだよ」と声を掛けたりしていた。

　お客さんの出入りが一段落し，少し静かになった頃，「もうお客さんこないのかな〜」とQ夫が言ってきた。配達に出かけるのはどうかと教師が提案。「いいね〜」と言って，Q夫は，自分の作った完成品の枕を一つもって出かけていった。戻ってくると「先生から注文が入ったから」と忙しそうにまたもう一つ作り始めた。

　事例から遊びの息づかいは伝わっただろうか？この遊びが，質の高い遊びだと思う理由をあげてみる。

❶　子どもが主体になって遊んでいる。
　　一面の落ち葉に触れ思う存分遊ぶ主体は子どもである。落ち葉のベッドで遊ぶ子どもたちの姿をとらえ，共に気持ちよさを味わいながら「枕を作ってみる？」と教師が提案した。やってみたい，と子どもの気持ちが動き，それぞれの枕作りが始まっていった。子どもたちのやりたいという気持ちが遊びを推し進めている。

❷　身近な環境にかかわり，自分の中に取り込んで遊んでいる。
　　秋が深まる中で木々が黄色や赤色に染まり，そして舞い落ちてくる。子どもたちは日々刻々と変わる自然の変化を敏感に受け止め，それを取り込んで遊んでいる。取り込む動きにも主体性がある。

❸　感触や匂い，色，光など，感じることを大切にしている。
　　幼児期には感じる体験を大切にしたいと思う。感触を味わったり，匂

いや香りを楽しんだり，環境の中に入り込む生活の中でこそ，味わえる感覚，それを大切にしていきたい。

次に，質の高い遊びを支えるための環境や援助のポイントをまとめる。

❶ 様々な動きが引き起こされる魅力的で可塑性に富んだ環境。

園庭の一隅には草を生い茂らせ，舞い落ちる落ち葉も子どもたちが触れることができるように意図的に掃(は)き清めずに置いておいた。高さを感じることのできる土の山や中に入り込める土管のトンネルなど，そこに身を置くとワクワクするような環境が子どもたちの体験を豊かなものにしている。

❷ 環境に自分からかかわり思い思いの活動が展開される生活。

落ち葉が舞い落ちてきたら，思わず駆け回るのが子どもたちである。そのような姿が，かかわりを広げるきっかけになっている。子どもたち自身にまかされた時間が十分にある生活の中で，心が動きかかわりが広がる経験が積み重なっている。

❸ 子どものしていることや，しようとしていることをよく見て，捉え，楽しさを共有し，支える保育者の存在。

保育者は，子どもたちと一緒に葉っぱの上に寝そべり温かさや柔らかさ，匂いを味わっている。だからこそ，「草の匂いがするね」という言葉を聞きとめて，その言葉に心から共感し，さらにその思いが広がっていくような遊びを提案できたのだと思う。枕がほしいと頼むQ夫の姿を，困った子というようにはとらえていない。どうしてあそこまで執拗に頼むのか，という思いを残しながら翌日を迎えている。だからこそ，翌日のQ夫の動きを丁寧に追い，枕屋さんへの思いを支えていくことができたのだと思う。

4　子どもの自己実現に応答すること

保育の質を考えていく中で，私の思いは「子どものしていることや，しようとしていることを大切にし，支えていく保育」に行きついた。そして，以下の津守真の言葉につながっていった。

『子どもの自己実現と保育者の自己実現』(津守真『幼児の教育』第85巻第8号 p.58 － 64) の中で，津守は，3歳の男児が大きなレンガを両手で持ち上げ，20メートルほど歩いて，レンガを溝に投げ込んだ事例をあげ省察している。レンガを持ち上げ溝に投げ込むという行為の中に津守は次のような姿を見ている。

- 1点に自己の精神を集中させている。
- 外界の物は，彼の自己実現に挑戦するものとしてあらわれている。
- 力を出して何事かをする体験が，人間の底辺にある自己実現の要求

を形成する。

　ここで,繰り返し述べられているのは,「自己実現」という言葉である。「根本に立ち返るならば保育者は,子どもの自己実現に力を貸すことによって,自分自身の心の底の要求は何であるかを考え直し,そして,子どもにも自分にも共通の,人間としての真の要求に目をとめることができる。」と述べ,子どもの自己実現に応答するのが保育の実践だとしている。

　遊びの質を高めていくために最も大切なことは,「子どもの自己実現に応答していく保育者の存在」ではないだろうか。子どもの自己実現につきあっていくと,様々な姿に出会うことになる。思いもかけない方向に遊びが進んでいくこともある。予想を大きく超える振り幅も柔軟に受けとめながら一人一人に応答していくこと,このような保育者のかかわりが,自己実現を支えていくのだと考える。大切にしたい保育者の在り方について以下にまとめてみた。

❶ 目の前の子どもたちをしっかり捉える。
❷ 保育者自身も感じる人,遊び人,喜ぶ人としてそこにいる。
❸ 保育者集団の中で,呼応しながら自分らしさを発揮して行動している。
❹ 点から線,面と様々な視点から子どもや保育を捉えていこうとする。
❺ 新しい気付きの中に,いつも飛び込んでいく。

5　おわりに

　私自身の保育体験をもとに,保育の質について考えてきた。私は,子どもの姿から考える,自分自身の体験から考える,自分自身の言葉で語るということを基本として歩んできた。保育を省察し,自分の行動を見直し,昨日から今日へとつながる自分を振り返り,新しい明日の自分を作っていくことを大切に積み重ねてきた。

　保育の仕方を変えた時,環境を工夫した時,子どもの動きが変わり驚かされる。遊びのとらえ方を変えた時,遊びが違うように見えてくるということがある。こうだと思いこんでいたことが,実はそうばかりではないということに気付くこともよくある。

　質の高さとは,変化していく動きのある状態,新しい気付きのある状態ではないだろうか。新しい気付きのある状態,それはまさに今,学びを広げている皆さんの状態である。どうぞ学びを通して,見方や捉え方を広げていってほしい。実践的な学びを通してそのような姿勢が身についた時,あなたは「質の高い保育者」となるスタートラインに自分の足でしっかり立ったと言えるのではないかと思う。

（宮里）

執 筆 者

[編 集]

　　永井由利子（ながい・ゆりこ）　　東京成徳大学・教授

[著 者]
　　赤石　元子（あかいし・もとこ）　　東京学芸大学付属幼稚園副園長
　　井口美惠子（いぐち・みえこ）　　　前板橋区立高島幼稚園長
　　桶田ゆかり（おけた・ゆかり）　　　文京区立明化幼稚園長
　　関　美津子（せき・みつこ）　　　　練馬区立北大泉幼稚園長
　　塚本美起子（つかもと・みきこ）　　江東区立大島幼稚園長
　　福井　直美（ふくい・なおみ）　　　江戸川区立船堀幼稚園長
　　宮里　暁美（みやさと・あけみ）　　お茶の水女子大学付属幼稚園副園長

[協 力]
　　千駄木幼稚園（東京都文京区）

質の高い幼児期の教育　－3，4，5歳児の指導と環境構成・実践例－

2012年4月1日　第1版第1刷発行
2018年2月1日　第1版第3刷発行

●編著者	永井由利子
●発行者	長渡　晃
●発行所	有限会社　ななみ書房
	〒252-0317　神奈川県相模原市南区御園 1-18-57
	TEL　042-740-0773
	http://773books.jp
●絵・デザイン	磯部錦司・内海　亨
●印刷・製本	協友印刷株式会社

©2012　Y.Nagai
ISBN978-4-903355-32-0
Printed in Japan

定価は表紙に記載してあります／乱丁本・落丁本はお取替えいたします